魅了する
科学実験
Scientific experiment

2

早稲田大学本庄高等学院
実験開発班

はじめに

本当の理科離れとは

　普段私は、教える内容と日常生活をなるべく関連づけたいと思っています。今教えていることが日常のどのようなところで使われているかを知るために、機械を分解したり、実際に工場に出向いたりして、そこで得た知識を授業に織り交ぜています。

　そうは思いつつも、つい学問としての理科の楽しさを伝えたいあまりに、式の変形や証明のみに偏った授業を行いがちになっているのも事実です。

　一方で理工系進学希望者には体系立った学問としての理科が必要であり、将来的に理科を必要としない生徒には、生活を豊かにする、つまり役に立つ理科の授業が必要であるという、非常に悩ましい側面もあります。この2つの課題の間で揺れながら、授業を行っているのが現実だと言えます。

　ある時、オランダに研究留学をしていた同僚が、日本の理科教育とオランダの理科教育を比較してこう言いました。

「オランダも理科離れが進んでいるが、日本は市民が理科から離れたのではなく、理科が市民から離れていったのかもしれない」

　私はこの言葉に考えさせられました。前述したとおり、理科を身近に感じられるよう努力しているとはいえ、私が行っている授業も生徒にとっては遠くの存在なのかもしれないと思ったからです。

　学習方法の1つに、生活単元学習というものがあります。系統的・論理的に体系づけられた学習方法ではなく、実生活との関わりのある身近なものを題材に、いろいろな方面に学習を広げていく方法のことです。

　教育者の中にはこの学習方法に賛成、反対の方がいますが、私は間をとってはどうかと思っています。せっかく学校で勉強したことが日常生活でどう生きるのか見出せなかったり、ほかに応用できないのでは、学校を卒業してから何十年もある人生の中において必要な知識や経験ではなかったということになってしまうからです。

　では、学習内容と日常生活を関連づければ、何かを調べてみたい、研究して

みたいと思う心が育つのでしょうか。

　私は関連づけに加えて、はっとするような驚きや美しさ、不思議さを感じる体験、今までの経験とは逆に思える現象などを見せたり体験させたりすることが必要なのではないかと考えています。このことがなくなりつつある日本の理科の教育を、オランダの教育を見てきた同僚は先ほどのような言葉で表現したのではないのでしょうか。

　またある時、中学校で教師をしている友人と話をしていて、印象に残ったことがあります。その友人は、「自分が不思議だと思ったものを見せても、生徒たちがなかなか不思議だと思ってくれない」とちょっと残念な様子でした。ではどうやって不思議だと思ってもらうのかと質問すると、「それには基礎知識が必要だ」と断言したのです。その答えに、私も即座に納得しました。

　例えば生徒に、コップやビーズなど透明なものを見せ、光が屈折したり反射したりして、向こう側にあるものが左にあるように見えたり、虹のようにきらきらと輝いて見える現象を観察させます。きれいだと思う生徒は多いのですが、それを不思議だと思うところまではいきません。それは、ガラスが透き通っていることを不思議だと思わないのと同じように、見慣れてしまっているからだということと、屈折や反射といった現象のことを知らないために、一体そのことの何が不思議かすら理解できずにいるのでしょう。

　現代の生活の中には、いろいろなものが溢れています。次から次へと出てくる新しい技術や映像を見ていると、不思議さや驚きを感じる余裕がなくなってしまっているのではないかと思うことがあります。

▍一生の宝物となるような経験を贈る

　本書では、どの現象も学校の先生と一緒に実験をすれば必ず見ることができるものばかりを15ほど集めてみました。光が見せる不思議な姿、音にまつわる不思議な現象、化学薬品が持つ不思議な力。それぞれの実験はそのセクションだけで完結しています。自分が興味を持ったものや、実験しやすいものから試してみてください。私たちが初めてこれらの実験をした時と同じように、素晴らしい現象が皆さんの心を魅了するはずです。

　実験を見た皆さんは私たちが気づかなかったことに気づくかもしれません。また、その実験からいろいろな実験に発展していくこともできると思います。

加えて、疑問に思ったことを解決するための学習をしてもらうページも作りました。知識が増えると、さらに不思議に思う点が増えるかもしれません。

　日本では、ある時期に受験という大きな関門があり、それを乗り越えなければならないため、どうしても点数を取るための授業が必要になります。このことを否定するつもりはありません。しかし、1日……いや1週間の中で少しだけ科学に触れる時間を作ることができたら、小学校、中学校、高等学校の12年間での経験は、まさに一生の宝物になるはずです。

　最後になりましたが、前作『魅了する科学実験』を出版してから約3年が経ちました。その間多くの読者の皆さまからご意見やご助言をいただき、私たち著者も大変勉強になりました。この場を借りて御礼申し上げます。

　この度、皆さまの声にお応えして、第2弾を出版させていただけることになりました。前回と同様、多くの方の科学を楽しむヒントとなれば筆者としてこれ以上の喜びはありません。

　ここに紹介する実験が、読者の皆さまにとって貴重な体験になることを願っております。

　2018年5月

著者代表

影森　徹

『魅了する 科学実験2』　もくじ

はじめに ——————— 003
実験に当たっての注意事項 —— 008

実験 01

ガスってこんなにスゴい！
大迫力の爆轟実験 ——————— 009

01　基本実験
ハンディバーナーで簡易爆轟実験

実験 02

ペットボトルキャップから
燃油抽出 ——————— 019

01　発展実験
IH調理器で超高温を作る

02　基本実験
プラスチックごみから燃油を作る

実験 03

キッチンでできる！
植物バイオ入門 ——————— 039

01　基本実験
圧力鍋で作る無菌苗

実験 04

モーターなしで走り出す！
不思議なコイルトレイン ——— 049

01　基本実験
ヒューンと走るよコイルトレイン

実験 05

気分は鑑識官！
瞬間接着剤で指紋検出 ——— 057

01　基本実験
注射器があればOK！ 簡単指紋検出

02　発展実験
ちょっぴり派手に。蛍光の指紋検出

実験 06

偏光を操り
虹色を作り出す ——————— 071

01　基本実験
ガラスの反射光を消す

02　基本実験
虹色スプーン

実験 07

光で奏でる
電子のメロディ ——————— 081

01　基本実験
光で音を発生させる実験

実験 08

怪しく光る
蛍光結晶 ——————— 089

01　基本実験
蛍光ストームグラス

02　基本実験
触れる！ 蛍光性結晶

03　基本実験
壊すと光る!? 破壊発光結晶

実験 09

「におい」を科学する
香料・消臭剤実験 —————— 099

01　基本実験
ついにあの香りを再現!? 自作コーラ水

02　基本実験
レモンティーをマスカットティーに変身

03　基本実験
自作消臭剤でも臭いは消えるか

実験 10

化学の結晶
シャンプーを自作する —————— 111

01　基本実験
混ぜるだけで完成。ほぼ本物シャンプー

実験 11

美しい3層液体に学ぶ
溶媒・極性・比重 —————— 125

01　基本実験
3色3層液体

02　基本実験
プカプカ浮かぶビー玉!?

03　発展実験
逆さオイルタイマー

実験 12

保存料の保存力を試す —————— 137

01　基本実験
保存料はどこまで「保存」してくれるのか

実験 13

音の力でものが浮く!?
超音波浮揚 —————— 147

01　基本実験
宙に浮かぶ発泡スチロール球

実験 14

電源不要の電気!?
超音波素子で発電 —————— 155

01　基本実験
加熱するだけで発電! ランジュバン振動子

02　基本実験
氷でネオン管を光らせよう

オマケ

実はこんなに簡単!
ハンドメイド化粧水 —————— 163

01　基本実験
薬局にある材料で手作り化粧水

実験に当たっての 注意事項

☐ 本書に掲載されている実験は、主に高校生以上を対象に、教師が立ち会って行うことを想定して書かれています。教師の目が届かないところで、生徒だけで実験することは絶対に避けてください

☐ 火気を使う実験では、火の取扱いには十分注意してください

☐ 書かれている薬品は、必ずSDS検索（https://www.j-shiyaku.or.jp/Sds）などで注意事項を確認し、事故防止に努めてください

☐ 使用する実験器具、薬品は実験前に異常がないか確認してから使用しましょう

☐ 実験の手順はあらかじめよく読んだ上で、必ず手順どおりに実施してください

☐ 実験時はなるべく肌の露出は避け、必要に応じて防護眼鏡、手袋などを着用してください

☐ 電気を使った実験では、感電、火傷の恐れがあるので注意してください

☐ 難易度が高ければ高いほど、危険を伴うことがあります。その場合は、予備実験および徹底した安全管理を行った上で実験してください

☐ 万が一事故が起こった場合は、まずは落ち着いて事故の内容・程度を把握した上で、適切な応急処置を取ってください

☐ 上記を踏まえた上で、本文中に記載された注意事項は必ず守り、安全第一で実験に臨みましょう

☐ 本書を参考に実験を行い、事故等により何らかの損失・損害を被ったとしても、著者並びに出版社、その他関係者は一切の責任を負いかねますので、あらかじめご了承ください

実験 Experiment No.01

ガスってこんなにスゴい！
大迫力の爆轟実験

難易度 ★★★★☆

対応する指導要領　化学基礎／熱運動と物質の三態

化学基礎／酸化と還元

実験のテーマ　調理、暖房、給湯……日々当たり前のように使用しているガス。その危険性を改めて学ぶと同時に、お手軽な道具を使ってその燃焼速度と衝撃波を体感する

Detonation

最も危険な日用品＝ガスを使って
爆薬並みの衝撃波を起こす

　家庭から実験室まで見渡した中で、最も危険な日用品。それは包丁でもなく、花火でもなく、ガスです。可燃性で高い蒸気圧を持ち、小さな火だねで爆発事故まで引き起こすことができます。ニュースでも定期的にガスボンベの爆発事故や、ガス漏れ火災などにより人が亡くなった……といった話を聞くかと思いますが、このように決して侮れない危険性があります。日常的に使用することで危険意識が希薄になりやすい分、タバコや刃物より一層、危険な存在かもしれません。

　ライターもよく考えれば高圧ガスの着火装置です。便利な上、一見無害そうに見えるのですが、夏場の車に放置して火災事故を引き起こしたり……なんてこともあります。さらに言えば、ライターよりも身近かもしれないスプレー類にも、可燃性ガスが使われていることが多々あります。例えば、殺虫剤や虫除けスプレー、運動のあとに使うスプレー式鎮痛消炎剤のガスにも、普通に可燃性のガスが使われています。それを知らずに、大量にスプレーをしたあとにタバコを吸おうとして着火して爆発事故……なんて冗談のようで笑えない事故もたびたび起きるわけです。

　……こうしてガスの危険性について、ひととおり話をした後に紹介する実験装置ではないような気もしますが、可燃性ガスを利用したとびきり派手な演出実験を紹介したいと思います。

　ガスを燃焼させて大きな音を発生させるオモチャと言ってしまえばそれまでですが、そのメカニズムはもう少し高尚で、爆発的燃焼ではなく、気体の急速な熱膨張の速度が音速を超え、衝撃波を伴いながら生じる「爆轟（ばくごう）」という、爆薬でも環境を整えないと起こらない化学反応を比較的安全に、可燃性ガスという身近な素材を用いて体感学習させることができる教材です。

　もちろん可燃性ガスを使った実験であるため、細心の注意が必要ですが、簡易実験装置でも十分に迫力のある音がして、燃焼速度と衝撃波について体感的に学習できます。また後半で紹介する3室型装置では、完全爆轟に近い現象を起こすことができ、爆薬を使わない衝撃波実験や、害獣追いの装置などとしても応用ができるものとなっています。

→ Detonation

01 ハンディバーナーで簡易爆轟実験
基本実験

☑ 用意するもの

キャンプ用トーチバーナー：ホームセンターなどで1500円程度で売られている、カセットコンロ用のボンベを使用するトーチバーナー

洗濯機の蛇腹ホース：洗濯機の排水用ドレーンで、足場用単管にちょうど入るくらいの太さのもの

足場用単管パイプ：極めて安い建築の足場用の金属の管で、2、3m単位で売られているので、ホームセンターなどで1m以下に切ってもらうとよいでしょう

トーチバーナー

洗濯機の蛇腹ホース

注意事項

蛇腹ホースは必ず単管に入れてから点火すること。ホースが勢いよく跳ねてひっくり返ったり、万が一バラけて破片が飛び散ることを予防するため、単管に入れてから着火するようにしてください

実験手順

1　トーチバーナーを点火せずにコックを開いてガスを出し、それを単管に入れた蛇腹ホースにつないで点火ボタンを押すだけ

011

 解説

＊爆轟とは

　爆轟（デトネーション）は燃焼の最も激しい形態で、超音速で燃焼が伝播する現象です。普通の燃焼では、毎秒1mほどしか炎が伝播しないのに対し、爆轟は毎秒1000mを超えるような速度で伝播します。そのため、強い衝撃波が発生し、大きな爆発音を伴うのです。この爆発を意図的に発生させる音響装置を、我々はデトネーションキャノンと呼んでいます（下記で紹介します）。

　簡易実験では、ホームセンターで手に入る材料だけで作ることができ、なおかつ手順も至って簡単ながら、十分にその原理を体感することができます。蛇腹ホースがない状態でガスを入れて点火すると、力のないボワっとした音がして「爆燃（デフラグレーション）」が確認できます。しかし、中に蛇腹ホースが入るだけでクラッカーの音を彷彿とさせる、乾いた大きな音がするようになります。この反応は瞬間的な現象であるため、容器に熱が伝わるほどの時間がかからず、大きな熱負荷は発生しません。そのため、通常であれば特別な冷却を考慮する必要はありません。

＊3室型デトネーションキャノンで爆音を発生させる

　この実験をさらに発展させて、デトネーションキャノンという装置を作り、さらなる爆音を発生させることもできます。

デトネーションキャノンを着火したところ

鉄製の3室(一番右)が衝撃でひっくり返りそうになっている

　この装置で重要になるところは、爆燃から爆轟に遷移させるために必要な「乱流促進」です。「乱流促進」とは名前のとおり、流れを乱すことで、この装置では流路となる筒に障害物を置き、炎の伝播を乱しています。燃焼が乱されると炎は局所的に不安定になり、その部分から急激に燃焼速度が高まる性質があるのです。この燃焼から爆轟に遷移する過程をDDT(Deflagration to Detonation Transition)と言います。

　爆轟を起こす方法は何種類かあり、固体爆薬やレーザーなどの高エネルギーを混合ガスに打ち込み、その場で直ちに爆轟させる「直接起爆」や、乱流を上手く使って火炎の速度を加速する「乱流促進」、酸素ー水素などの起爆しやすいガスで起爆する方法など様々です。先の実験では、最も手軽に実現できる乱流促進式を使用しています。

　炎の伝播が10m程度あれば爆轟に遷移する可能性はありますが、それだけ筒の長さが必要となり、実用的ではありません。そこで、乱流促進することで火炎を急加速すると、1m程度まで筒の長さを短くすることが可能となります。

　乱流促進体としては、スパイラルやオリフィスなどが知られています。スパイラルはスプリング様のもの、オリフィスは穴を開けた板などを筒に入れることで、乱流促進体として機能します(実験01で紹介した蛇腹ホースは、クビレ部分がオリフィスとなり、乱流を促進したということです)。

　爆発性混合ガスで満たされた大き目のチャンバーのガスを起爆することも可能です。初段の内径が50mm程度であれば、二段目は内径100mm以下が目安となります。極端に筒を太くしすぎると、その部分で火炎が失速するため、パワーダウンしてしまいます。十分な速度を維持するには、適度なスケールアップが必要です。

＊爆轟に必要なガスの混合比

　爆轟させるガスの最適混合比は、化学量論により決定される値を取ります。そして可燃性ガスには「爆発限界」と呼ばれる混合ガスの爆発可能な範囲があることが知られており、この範囲に収まるように装置を調整する必要があります。

　先の実験のように、完全燃焼を起こすガスバーナーを混合装置として流用する場合は、特に難しいことは考えなくても実験ができてしまいます。なぜなら、ガスバーナーは最適な混合ガスを作り出す装置であるため、バーナーの先端をチャンバーに差し込んでガスを導けば、チャンバー内は最適混合ガスで満たされていくからです。

プロパン	2.1〜9.5%
ブタン	1.8〜8.4%
DME（ジメチルエーテル）	3.4〜26.7%

　最適な混合比は、上図からプロパンとブタンは大体同じで、なおかつ爆発可能な範囲も狭いことがわかります。一方でDMEはかなり広い範囲で爆発可能であることから、DMEは精密な混合ができなくても何とかなりそうです。

　しかしDMEを利用したエアダスターをガスバーナーに装着しても、最適な混合ガスを得ることはできません。故に自作のガス混合装置、高度な工作技術が必要になりますが、紙面的には解説しきれないので割愛します。

　左上の写真を見ていただくとわかるように、ガスの注入口の横に可変式のスリットをつけ、空気を巻き込んで燃焼室内に吹き込む構造を採用しました。

筒状の部分（第１燃焼室）には乱流促進体として金属のワッシャーと、内径に合う単管を交互に入れた強固なオリフィスをつけました（写真２枚目）。この構造で乱流が発生し、デトネーションが生じます。さらに先端の第２燃焼室には、最適な混合比になった可燃性ガスを注入してあり、第１室から来る衝撃波で爆轟に遷移するので、乱流促進体は不要です。

＊日常生活で使われているガス

　身の回りに存在する代表的なガスについて説明していきましょう。実験室だけでなく、身の回りには実に様々なガスボンベが存在しています。ライターはブタンを主とする可燃性ガスで、そのほかにカセットコンロなどでよく見るLPガス（プロパン、ブタンが主成分）、メタンが主なLNガス（都市ガス）などがあります。また、エアダスターや殺虫剤にはDME（ジメチルエーテル）や代替フロン（着火しにくいが燃えないわけではない）、ビールサーバやアクアリウム用水槽用品には二酸化炭素のボンベが……とここで紹介するだけでも様々です。

　余談ではありますが、ボンベという言葉の語源には諸説あり、おそらくはドイツ語のBombe（ボンベ＝爆弾）であり、ガス爆弾を意味するGasbombeがいつの間にやらガスなどの容れ物を指す言葉に転じていったと推測されていますが、はっきりしていません。ドイツ語のBombeにはガス容器という意味はないので、おそらく誤訳が広まったのでしょう。英語ではgas cylinderあるいはtankなので、「gas bombe」などでネットで画像検索をしても、日本語のWEBサイト以外は出てきません（中身のガスに関してはbottled gasとして表現されることが多い）。

　さらに余談となってしまいますが、高圧ガスボンベは化学系の方はご存じのとおり色分けがされており、酸素は黒（気体の高圧酸素の場合。液化酸素はグレー）、水素は赤、アセチレンは赤茶色、二酸化炭素は緑色、

015

塩素は黄色、アンモニアは白です。そのほかは塩化水素も笑気ガス（亜酸化窒素）もグレーで統一されています。

こうした高圧ガスは、可燃性ガス、不燃性ガス、支燃性ガス、毒性ガスと法的に区分され、さらに危険なシランやフッ化砒素、ホスフィンなどの工業的に重要であるものの危険性が高いものは「特殊材料ガス」等と定められ、取り扱いや分量などに応じて10種類以上の高圧ガス関連の国家資格があります。このように一般人が無資格で触れるものから、工業的に扱うものなど、それぞれの状況に合わせてに運用されるようになっているのです。

ここでは、我々の日常生活において触れる可能性の高い可燃性ガスについて、ひととおりまとめておきます。

＊LPガス

最も普及している可燃性ガスで、石油の精製過程において最も軽質かつ低分子な成分として分離されて使われています。プロパンやブタンなどの低分子アルカンで構成されており、そうした混合物であるが故に沸点は-40℃前後です。そのため、高地などで使うカセットガスボンベにはイソブタンなど蒸気圧が高いものを添加して、圧力が下がりにくいようにしているものもあります。ガス漏れの危険性からチオールなどで、悪臭がするように着臭されています。

＊ブタンガス

性質はLPガスに準じますが、精製されたものがライターガスなどで使われています。沸点が0℃ということで、極端に温度の低い冬の日は、ライターからガスが出ないものもあります（そのため、イソブタンなどを添加している商品もある）。大半が着臭されておらず、無臭です。

＊都市ガス

メタンが主な成分で、沸点が-162℃と極めて低いため、液体ガスの状態で見ることは稀です。LPガスと同様に着臭されており、不快な臭いがするようになっています。かつては精製時に一酸化炭素が数％から多

いものでは 10% 含まれていたので、それを狙って自殺に用いられた時代がありましたが、現在はほとんど含まれていないため、都市ガスで自殺することは難しいでしょう。むしろ自殺に失敗し、それを忘れた頃にタバコなどで着火してしまい大事故になる例もあります。

＊DME（ジメチルエーテル）

近年、殺虫剤やスプレー式消炎鎮痛剤などに使われているガスの大半が DME というガスです。殺虫剤のコーナーにはこのガスを液化ガスのまま噴射することで、-25℃で凍らせて殺虫させるという商品も販売されています。

燃料ガスとしては、ほぼプロパンガスと同等の能力で、発熱量は低いものの硫黄分を含まず、燃やした際にススが出ない等、環境面で優れているという点が上げられます。

また沸点が -25℃ということは、LP ガスの約 -40℃とブタンの0℃の中間に位置し、スプレー程度の高圧容器で簡単に液化し、輸送面でも安心で扱いやすいということから好まれて一気に利用されるようになったガスです。

製法はメタンを多く含む天然ガスを一酸化炭素にし、水素と合わせることでメタノールを合成、さらに脱水することで作っていましたが、近年は、銅や亜鉛クロムといった金属を細かなアルミナに吸着させた触媒を用いて 250 ～ 320℃、30 － 70 気圧にすることで、直接合成するという方法が普及し、価格が安くなってきています。

＊水素

水素は電気分解で得られる可燃性の気体です。とても広い爆発限界を持っており酸素、または空気と混合すると簡単に爆発性の高いガスを形成します。重量あたりの発熱量は非常に大きく、化石燃料の倍近いエネルギー密度となります。ただ、圧縮が難しく液化してもそれほど密度が上がりません。スペースシャトルの最も大きいタンクは水素であり、かなりの体積を占めているのがわかります。水素を液化しても密度はあまり上がらず、液化するには 20K（ケルビン）と言う極低温まで冷やす必

要があります。水素を実用的な燃料として使うには何らかの化合物として利用するのが良いと考えられます。DME（ジメチルエーテル）やアンモニアなどの化合物として見かけ上の密度を上げて運搬コストを下げる方法が考えられます。水素は燃焼させて使う他にも燃料電池として消費する方法もあります。燃料電池であればDMEの他メタノールなども利用可能です。自動車の燃料としては往復式のエンジンよりもロータリーエンジンでの利用が効率が良いという話もあります。水素の利用は低い密度を如何に克服できるかが重要と言えるのです。

実験 Experiment No.02

ペットボトルキャップから燃油抽出

難易度

対応する指導要領　科学と人間生活／物質の科学

化学基礎／物質と化学結合

実験のテーマ

現代の生活にはもはや欠かせないものとなったプラスチック。本来ゴミとして捨てているものから燃油を作り出し、プラスチックとは何なのか改めて捉え直す

プラスチックをミクロの視点から見てみる

　皆さんの身の回りにある数多くのプラスチック。それらのプラスチックは石油化学工業品などと呼ばれるように、石油由来の素材から作られています。
　ここでは固体であるプラスチックを液体の燃油に変えるという実験を紹介します。プラスチックが燃油に変わることで、物質を分子の目で見るきっかけを与えてくれるでしょう。
　廃プラスチックの再利用方法はいろいろ知られており、再び溶かして固めたり繊維にするなど様々です。しかし、プラスチックを低分子化し、燃料として使う方法はあまり一般的には知られていません。
　プラスチックは炭化水素が無数に繋がった巨大な重合物です。しかしこれらの高分子も元は低分子の繋がったものであり、それらを元に戻すことができれば、再生資源としての道も見えてきます。今回は低分子の炭化水素とすることで揮発性のある燃料（ガソリン）を作ってみる実験を紹介します。
　ただ、この実験には比較的高温の熱源が必要で、学校であればマントルヒーターなどが相当します。しかし、マントルヒーターでは熱の効率が悪く、時間もかかります。そこで今回使用するのはIH調理器。IH調理器は電磁誘導を使った便利な加熱調理器具です。特徴としては、非接触で高効率に加熱できる事があげられます。また、非接触であるためニクロムヒーターなどのように腐食性ガスに弱いといったことはありません。高効率での加熱が可能ということは急速に昇温できるということです。最近は価格が安くなり、5000円程度で調達できるものも増えてきました。家庭用のコンセントでは1500W程度が最大パワーとなりますが、まずはIH調理器を便利な高温熱源として使う方法から紹介してまいります。

Extracting fuel

01 IH調理器で超高温を作る
〔発展実験〕

☑ 用意するもの

ステーキ用フライパン：鋳鉄でできたもの。IH調理器のサイズにもよるが、15～20cmのものが良く、1000～2000円で購入できる。テフロン加工は350℃を超えると有害なガスが出るため、使用しないこと

温度計：700℃程度まで上昇するので、高温まで耐えられるもの

セラミックウール：ネット通販「モノタロウ」などで30cm角程度でシート売りされているので、2～3枚あれば良い

IH調理器：5000円程度から購入可能

るつぼ、アルミ

ステーキ用フライパン

注意事項 火の取り扱いにはくれぐれも注意すること。また、大変高温になるため、火傷等に注意が必要

〔実験手順〕

1. まずIH調理器に鋳鉄製フライパンを直接載せ、空焚き状態・火力最強で加熱してみる。280℃程度まで上昇した

021

実験手順

2　IH調理器の天板に断熱材（セラミックウール。厚さは10mm程度が良い）を敷いて加熱してみる。今度は400℃まで上昇

3　放射での放熱を防ぐため、フライパン自体をセラミックウールで包む。今度は約700℃まで上昇し、赤熱が確認できるほど。ただ、断熱不足のためか温度センサーが反応してしまうので、この程度が限界

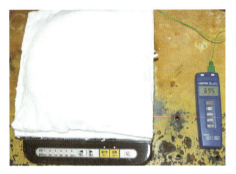

断熱材をめくってみたところ。フライパンが赤熱しているのがわかる。10分程度でここまで温度上昇する

4 フライパンの上に、アルミニウムを入れたるつぼを置いてみる

5 アルミの融点を超えたらしく、溶解していた

＊ IH 調理器でどこまでの高温が作れるか

　IH 調理器と相性の良い器具として、鋳鉄製のフライパンなどがあります。IH 調理器は仕組上電気抵抗が程よく高く、可能であれば磁性体である必要があります。鋳鉄は強磁性体であり電気抵抗も大きい素材なので、IH 調理器での加熱には適した素材と言えます。

　鋳鉄は熱容量が大きく冷めにくいので、ステーキ用のフライパンとして様々なサイズのものが売られています。実験では、丸いタイプのものが使い勝手が良いです。直径は IH 調理器のサイズにもよりますが、15cm から 20cm くらいのものが良いでしょう。鋳鉄の表面に強靭なガラス質を焼き付けたホーロー製のものだと耐薬品性が上がります。ホーローは非常に硬く化学的にも安定していますが、急加熱と急冷の熱衝撃に弱いと言え、空気中にいきなり出して急冷するとヒビが入ったり剥げてしまったりします。腐食性のあるものを加熱したい時や錆を避けたいなどであればホーローのものが良いでしょう。ただ、鋳鉄だけのフライパンほど製品種類が豊富でなく、やや高価なのが欠点です。

　ちなみにテフロンコートのフライパンではテフロンの劣化が 350℃ 程度で始まり、有害なガスが出るためこの実験には適しません。

＊直接載せて加熱

　まずは IH 調理器に鋳鉄製フライパンを直接載せて加熱してみます。IH 調理器には温度センサーが内蔵されており、一般的に 200℃ 程度が設定温度の限界となっているようです。

　水などを入れない、いわゆる空焚き状態で加熱してみると、280℃ 程度まで上昇しました。鋳鉄のフライパンであれば問題のない温度なのですが、300℃ 程度の空焚きになると、調理器についている安全装置により停止してしまようになっており、300℃ 以上の実験はできません。それに何の対策もせずに 300℃ を超えさせると、調理器具が壊れてしまいます。

解説

　そこでIH調理器の温度センサーを断熱して保護してしまうことで、調理器具の表面が危険な温度を超えることなく、加熱したい対象だけを高温にすることを考えます。

　方法としては、セラミックウールをIH調理器の上に敷いて断熱してしまうだけ……という簡単なものです。セラミックウールの厚さは10mm程度が良いでしょう。薄すぎると断熱効率が悪く本体側に熱が伝わり、温度センサーが機能してしまいます。逆にセラミックウールが厚すぎると、加熱に作用する磁界から遠くなり、加熱効率が落ちてしまいます。

　セラミックウールで本体天板を断熱するだけで、到達温度は一気に約400℃まで上がりました。フライパンからは強力な熱放射を感じます。逆に言えば熱は赤外線として放射され、大きく損失しているということです。今回の実験で狙うのはもっと高い温度なので、さらに対策をします。

＊フライパン自体も断熱で約700℃まで到達！

　放射での損失が大きいことがわかったので、仕上げにフライパンの上部を断熱材で包んでしまいます。これも厚さ10mm程度のセラミックウールで大丈夫です。上下のセラミックウールでフライパンが完全に包み込まれた形になり、赤外線で放射される損失を防ぐ上、対流による損失も防ぐことができます。

　この状態であればフライパンは約700℃まで昇温します。赤熱が確認できる程度の温度です。この温度領域になると10mm程度のセラミックウールでは断熱が不十分でIH調理器の温度センサーが反応してしまうようで、このくらいの加熱が限界と言えます。

　700℃というとアルミニウムの融点（約660℃）を超える温度なので、アルミニウムの溶解や鋳造はできてしまいます。他にも脱水処理や炭化処理、灰化処理なども可能です。発熱体が安価な鋳鉄製フライパンであるためハロゲンや硫化物、リン化合物などでヒーターが痛むような心配もありません。IH調理器というどこでも手に入る道具を使って、比較的お手軽に700℃近い高温度が得られるので、高温を必要とする実験には便利な方法と言えるでしょう。

基本実験
02 プラスチックごみから燃油を作る

☑ 用意するもの

ペットボトルの蓋：可能な限り色のついていないもの

ゼオライト（沸石）：ホームセンターで魚焼きグリルの敷石として売られているもので十分。残った分はサンドバスとして使用すると便利

エアコンガス部品：ホームセンターのエアコンの銅パイプ配線コーナーに売られている、銅パイプをラッパ状に加工する工具

銅パイプ：同エアコンコーナーに売られているが、店によって取り扱いが違うのでエアコン冷媒用銅パイプで探す

パイプキャップ：エアコンコーナーに売られている

水道管キャップ：ホームセンターの水道管コーナーで入手可。ユニクローム製のもので十分

ガスカプラ：水道管キャップに合うサイズのもの

実験 01 で使用した IH 調理器（なければマントルヒーター）、三角フラスコ、ドリル

ペットボトルの蓋は、ペンチなどで細切れにしておく

 注意事項　ペットボトルの蓋以外のものを入れないこと

1 片方の水道管キャップに蓋をつけ、もう片方にドリルで穴を開ける。ネジを切ってガスカプラを取りつけ、エアコンガス部品でラッパ状に加工した銅パイプを接合する

2 パイプキャップを片側しめつけ、機械を組み立てる。容器1/3程度のゼオライト（沸石）を入れておく

3 ペンチなどでペットボトルの蓋を細切れにし、装置の中に入れていく。写真のように、ギッチリ詰めても問題ない

4 実験装置の全体像。IH調理器の上に中身を詰めた水道管キャップを置いてセラミックウールで包む。銅パイプは曲げて試験管などに誘導し、冷水でコールドトラップするようにしておく

5 加熱開始。400℃前後まで上げていく。マントルヒーター、あるいはガスコンロで直接装置を火で炙って加熱してもかまわないが、温度管理や引火に十分気をつける

6 30分ほど経過するとゼオライト中の水分が、45分ほどで燃油質の油が試験管に溜まる。今回は8.8gのペットボトルキャップから4.2gの収率で燃油が作れた

＊油化に適したプラスチック

どんなプラスチックでも燃料にできるというわけではありません。プラスチックには非常に多くの種類があり、油化の向き不向きがあります。

・油化できるプラスチック

 ポリエチレン
 ポリプロピレン
 ポリスチレンなど
 …具体的にはペットボトルの蓋、発砲スチロール、まな板などです。炭素と水素のみで構成されているプラスチックであれば大丈夫と考えて良いでしょう。

・油化できないプラスチック

 塩化ビニール
 PET
 エポキシ樹脂
 フッ素樹脂など
 …水道管やペットボトル本体などは不可能です。塩素やフッ素といったハロゲン、窒素や酸素などが含まれていると油化はできません。変性アミンやエステルといった成分表記があったら避けましょう。

＊炭化水素クラッキング

プラスチックの分解は加熱だけでも低分子化できますが、非常に効率が悪い方法です。そこで触媒を使って反応に必要なエネルギーを下げます。プラスチック油化に適した触媒としては、ゼオライトが知られています。ゼオライトの併用により反応温度を 300℃ から 400℃ 程度で進行可能にし、素早く低分子化させます。

ゼオライト触媒により、分子の大きな炭化水素は、より低分子の炭化水素へと分解されます。これを「クラッキング」と呼び、軽質油を得る手段として用

いられます。ゼオライトの微細構造に炭化水素が入り、結合が切断される反応機構によるものと考えられます。

一口にゼオライトと言っても様々な種類があります。安価なものは鉱物を原料とした製品で、ホームセンターでコンロの下敷きや消臭素材として売られています。化学分野ではモレキュラーシーブとして高度に品質管理されたものが売られています。実験に向いているものか否かは、手に入りやすいゼオライト製品を幾つか試してみるのが確実と言えます。筆者の実験では、ホームセンターに売られている焼き魚用のものや消臭用の製品を幾つか試しましたが、いずれも問題なく油化実験は成功しました。

＊装置や材料の注意点

装置は高温を長時間保持する必要があります。先に紹介したIH調理器を流用した装置もオススメですが、マントルヒーターやホットプレートなどでも500℃程度の高温が作り出せれば実験は可能です。

反応容器としてはフラスコを使い、分解物の取り出しは銅パイプを使いました。高い温度で反応操作を行うと、タール状のものも蒸発してきます。これは冷めると簡単には取り除けない汚れとなるので、取り出し管などは後々高温での熱処理が可能なものや安価で取り替えの利くものにしておいたほうが良いでしょう。

投入するプラスチックはペットボトルの蓋としました。可能な限り色のついてないものを選びましょう。プリントされているインクの類の挙動がわからないので、入れないほうが無難です。

＊反応温度と生成物

反応温度は重要なポイントで、低すぎると反応が進まず高すぎると分解が不十分なパラフィン質も留出してきます。触媒種にもよりますが、400℃程度が最適なようです。

反応により得られた物質は、若干濁った白色から黄色をした若干粘度の高いものとなります。強いガソリン臭を放つのですが、これはプラスチックではなく低分子の軽質油に変化した証拠です。室温で若干ドロドロしていることからパラフィン質の高分子も混ざっているものと考えられます。これらは100℃以

下で精密な蒸留を行わないと分離は難しそうです。ガソリンエンジンなどの内燃機関で使うには良く精製しないと配管類が詰まる原因となりますので、ガソリン代わりには使えません。投入したペットボトルの蓋に対して得られた軽質化油は相当少ないことが確認できます。かなりの量がヘキサンより低分子で、蒸気圧の高い成分となって逃げてしまったためと考えられます。

＊実際に燃やしてみる

少量を耐熱性の皿などにとり、火をつけてみます。室温付近で引火するため、ガソリン相当まで軽質化に成功している事が確認できます。灯油相当では室温での引火は不可能です。燃焼で出る黒煙や臭いも、ガソリンの燃焼とほとんど同じことがわかります。

教育のポイント

＊身の回りのプラスチック

ここで、日常から非日常まで、我々の生活を支えているプラスチックについて、少し掘り下げてみましょう。身の回りの全てのプラスチックを紹介していくと、それだけで膨大な量になってしまいますので、特に身近なものに絞って紹介します。

・ポリエチレン

スーパーのレジ袋から灯油ケース、アイスクリーム容器の蓋、シャンプーの容器などなど、最も多く使われているプラスチックです。このプラスチックは1933年3月にイギリスのICI社（インペリアル・ケミカル・インダストリーズ。本社がイギリスのロンドンにある、歴史ある総

合化学メーカー。2008年にオランダのアクゾ・ノーベル社の傘下となった）の、まったく別の研究の副産物として発見、報告されました。しかし高分子は繊維としての研究がメインだったため、1935年に発明された6,6-ナイロンのほうに注目が集まり、産業高分子としては1939年まで放置されていました。

　合成法は、石油原料であるナフサを熱分解し得られたエチレンを、1000～4000気圧の高圧環境下でラジカル化させ重合させるという、実験室では手軽にできないような手法で作られています。現在は触媒や合成環境を変え、様々な性質のポリエチレンが作られ、工業製品から家庭用品に至るまで広く使われています。

・ナイロン

　石油化学工業では超大手、泣く子も黙るデュポン社の発明品。その研究者ウォーレス・カロザースが1935年に合成に成功し、繊維としての高分子として注目を集めたのがナイロンの始まりです。そしてまたたく間に産業的に作られ、商品化されていきました。

　ナイロンという言葉はもともとは商標でしたが、現在はアミノ結合で結びついた高分子、つまりポリアミド系繊維の総称として使われています。原材料や合成法などにより弾性や靱性などに多彩なものが作られています。このポリアミド系繊維では、ケブラーやザイロンと呼ばれる、超強度の高分子が開発・実用化されています。いずれも強度が非常に高いのが特徴で、繊維化したものを編み込み、さらに高強度の糸や布を作ることに使われています。それらは、防弾チョッキや登山用ロープなどの命を預ける用途にも幅広く使われています。

・ポリ塩化ビニル（塩ビ）

　数あるプラスチックの中でも屈指の縁の下の力持ちという印象が強いです。非常に長期間の耐水性・耐酸性・耐アルカリおよび多様な耐溶剤性を持ち、かつ難燃性であり電気絶縁性も非常に高いので、長期間の使用が前提である電線の絶縁被膜や水道管などに多く使われています。ただ紫外線には若干弱いため、紫外線が当たり続けると、分子内の塩素がラジカル化し、脆化（ぜいか）を起こします。当然、脆化防止用の添加物や合成法も考案されていますが、基本的には日の当たらない場所に使われていることが多いです（と言いつつ、家の雨樋や雨水用パイプはこの塩ビ製であることが多く、塗料を塗って耐候性を上げているものの、よく風や雪でボッキリ壊れてしまうことが多い。そんな経験をした人も多いはず）。

$$\left(CH_2-\underset{\underset{Cl}{|}}{CH}\right)_n$$

・PET樹脂

　今や使ったことがない人などいないであろう、ペットボトルのペットというのは PET 樹脂のことです。polyethylene terephthalate（ポリエチレンテレフタラート）の頭文字から PET……なんてお話は、本書の読者には改めて紹介する必要もないくらいには有名なプラスチックでしょう。フィルムや磁気テープの他、毛布やフリースといった衣類にも使われています。

$$\left(O-\overset{O}{\overset{||}{C}}-\underset{}{\bigcirc}-\overset{O}{\overset{||}{C}}-O-CH_2-CH_2\right)_n$$

・ABS樹脂

　アクリロニトリル、ブタジエン、スチレンと３つの分子が共重合することによって作られるプラスチックなので、頭文字をとってＡＢＳ樹脂

033

と呼ばれています。耐熱性がほどほどに高く、すべすべした質感が良く、またインクの乗りが良いため、テレビやゲーム機、パソコン筐体、レゴのようなブロックのオモチャなどに多用されています。

$$\left(CH_2-CH\atop Cl\right)_1 \left(CH_2-CH=CH-CH_2\right)_m \left(CH_2-CH\right)_n$$

・フェノール樹脂（ベークライト）

　電子機器や耐薬品製品などハイテク用途の多いプラスチックですが、歴史は古く、今から1世紀以上昔、アメリカ人化学者のレオ・H・ベークランドがフェノールとホルマリンを縮合させ工業化に用いた歴史あるプラスチック（フェノール樹脂の発明自体は、さらに30年ほど前）です。

　熱を加えることで硬化する熱硬化性樹脂として最も有名な樹脂であり、3つの分子が三次元的に立体的な網目構造を持っているため、割れにくいなどの機械的特性が高く、加工に向いています。耐熱性、難燃性に優れ、耐薬品性もあるため、前出のように電子機器の基板や試薬瓶の蓋といった用途に広く使われているわけです。

・シリコーン樹脂

　有機ケイ素化合物が連なったプラスチックであり、シロキサン結合 (Si-O-Si) を主骨格とするプラスチックで、その分子量から液状のシリコーンオイル、シリコーンゴム、そして硬いシリコーン樹脂と硬度が液体から固体まで自在という点で、非常に特殊な高分子といえます。大半のシリコーン樹脂やシリコーンオイルは人体に有害ではない場合が多く、

医療用品や美容整形で鼻や顎などに入れるプロテーゼなどもシリコーン樹脂で作られています。

またシリコーンオイルは、もっと身近なところで言えばシャンプーやコンディショナーにも含まれるほか、食べても未消化で体外に放出され、腸内で界面活性作用を生じてガスの気泡生成を阻害する働きがあり、お腹が張ったようにならないという医薬品「消泡剤」としても売られています。またスーパーで売られている豆腐のパックにもごく少量添加されており、界面活性作用のおかげでパックを開けるとスルリと出てくるわけです。

$$\left(\begin{array}{c} CH_3 \\ | \\ Si - O \\ | \\ C_6H_5 \end{array}\right)_n$$

＊プラスチックの特性はどう活かされているか

さて、文房具から食品の容器まであらゆるものにプラスチックは使われているわけですが、多くの商品ではそれらプラスチックの特性をうまく利用してあるものが多く、いずれも非常によく研究されたものであることがわかります。

例えば、ポテトチップスや柿の種などの菓子の包装フィルム。多くはポリプロピレンやポリエチレン製ですが、諸外国の輸入菓子と比べて日本製品は開けやすい工夫がなされていることをご存じでしょうか。日本の菓子の梱包袋の大半は、開封用に切れ込みのカットが入っており、そこに沿って引っ張れば簡単に破れます。一方輸入菓子の中には、切れ込みに沿って引っ張ってもまったく裂けず、意図しない方向にビリっと破れて開かない、もしくは中身をぶちまける……という経験をしたことのある人もいるでしょう。

これは、異方性という高分子の性質に関係があります。異方性とは、高分子が連なってできた成形物には、応力に強い向きと弱い向きがあるということです。例えば、重いスイカをレジ袋に入れて持ち歩いても伸びるくらいでびくともしないのに、角張った菓子袋の角が触れた瞬間、簡

単に縦に裂けてしまって中身が落ちた経験がある人は多いでしょう。レジ袋は横と縦の向きによる弾性率が数十倍違うということです。

　日本の菓子袋の大半は、納品時にフィルムを伸張させつつ成形させることで、この異方性を持たせて作られています。故に、応力の弱い方向に切れ込みカットが入っていて簡単に開けることができるわけです。

　また、プラスチックの多くは、着色されていないものは透明ないしは半透明であり、光の透過度である屈折率も様々です。その中でも PET は屈折率が 1.5 以上あり、細く成形したものは艶のある髪の毛に似ており、カツラ用人工毛髪にも使われています。ただ若干つやつやしすぎる傾向があるので、最近は表面を薬品などで荒らして、ミクロの凹凸を作り、より毛髪に近い手触りと見た目になるよう改良されています。

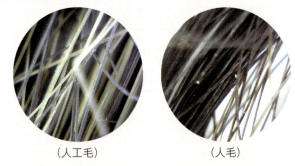

（人工毛）　　　　　　　（人毛）

　上の写真は人毛とウィッグの毛の拡大写真比較です。100 程度の拡大率ではほとんど差異を感じない程度には良くできています。

　このように、身の回りのプラスチック製品1つひとつに、その素材が持つ性質以上の様々な工夫がなされています（ご興味のある方は、株式会社サンプラテックが提供しているプラスチックと薬品に対する抵抗性を検索できるサイト https://www.sanplatec.co.jp/chemical.asp をのぞいてみてください）。

＊難航する再利用

　さて、自然での分解性の極めて遅いプラスチックですが、一部はリサイクルなども行われています。ご存じのとおり、ペットボトルは今や資

源ゴミとして回収されています。しかし、このペットボトルも簡単にリサイクルできるとは言いがたいのが現状です。

　以前ヨーロッパ圏で肉厚のペットボトルが再利用可能ペットボトルとして出回ったそうですが、洗浄効率の悪さや劣化の具合から商品として使えるのは1〜2回が限度で、瓶が10〜20回利用できることに比べて遥かに効率が悪いという結果になってしまったという話があります。原因としては、PETはエチレングリコールとテレフタル酸の縮合であり、エステル結合であることです。一般用途では問題のない強度ですが、エステル結合なので他のプラスチックに比べて加水分解を起こしやすく、150℃くらいで加水分解が始まってしまうのが主な原因です。また100℃以下の熱でも熱可塑性を示し、変形を起こすことからも、洗浄して乾燥し、再度容器として使い直すという瓶のようなリサイクルを低コストで行うのは難しいと言えます（高温で洗浄するだけで表面が荒れてしまい、ザラザラとした質感になってしまう等）。

　結果的に先進国の大半は、回収されたペットボトルをペットボトルとして再利用するのは難しく、一部を繊維製品などに使うくらいで、大半は中国などへ資源輸出という形で対応している現実があります。

　ただPETはまだ引き取り手があり、商品などに再利用される用途があるので成功している部類と言えるのですが、それ以外のプラスチックの大半は再利用法の目処はついておらず、自治体ごとでも、プラスチックは燃えるゴミ・燃えないゴミとしての扱いさえガイドラインがなく曖昧な状態にされています。多くの自治体の発表を見ると、不燃ゴミの3〜4割以上はプラスチックに占められている現状があり、環境負荷の高い素材であるのは間違いないでしょう。

　このように素材としての開発は円熟期とも言われていますが、再利用に関してはまだまだ研究の余地のある分野であり、未来の化学者に残された課題はたくさんあると言えそうです。

実験 Experiment No.03

キッチンでできる！
植物バイオ入門

難易度　★★★☆☆

対応する指導要領　中学校理科／細胞分裂と生物の成長
　　　　　　　　　生物／代謝

実験のテーマ　敷居の高そうなイメージのある植物のバイオテクノロジーをキッチンにある道具で実践。こんなに簡単にできる！　と身近に感じることのできる実験

Plant biotechnology

特殊な実験器具は一切ナシ
キッチンからのぞく植物バイオテクノロジーの世界

「植物バイオテクノロジー」「植物組織培養」というと、無菌室やオートクレーブ、クリーンベンチ、インキュベーター等、特殊な実験器具を必要とする小難しい実験というイメージが先行します。

そもそも植物組織培養とは、植物の持つ分化全能性（ある細胞がその個体のあらゆる細胞に分化することができる性質）を利用し、植物体の一部を無菌的に培養する技術のことです。こう聞くと日常生活とは関係がないように感じられますが、白菜・キャベツ・イネのような野菜や穀物の育種、イチゴやカーネーション等のウイルスフリー苗の作出、ランや観葉植物等の大量増殖と、私たちの生活に密接した様々な場面でこの技術が用いられています。

この技術の肝とも言える無菌操作と無菌苗の獲得は、実験室で専用の器具や設備を使えば成功しやすくなりますが、実は一般家庭のキッチンにある調理器具を使っても、ある程度の成功率を収めることができるのです。今回の実験では、主に入手の容易な調理器具を用いて、植物組織培養の導入である、無菌播種（はしゅ）に挑戦し、サボテンの無菌苗の獲得を目指します。

01 圧力鍋で作る無菌苗

☑ 用意するもの

耐熱容器：湯煎を行うので 500 ～ 1000ml のガラス製のもの。目盛りがあるとなお良い。ビーカーであれば最高

スポイト：100 円均一のもので OK

ジャム瓶 2個：培養瓶用と殺菌液用。口にリムがついているか、スクリューのもの。200ml 程度入れば良い

圧力鍋：食品以外のものを入れるので、専用のものを用意する

水：できれば浄水器を通した水が良いが、水道水でも可

●── Plant biotechnology

ピューラックス：薬局で売られている次亜塩素酸ナトリウム6%液

サボテンの種子：園芸店で購入できる、スポイトで吸えるサイズのもの。サカタのタネの「サボテンのタネ 混合」がおすすめ

微粉ハイポネックス 1.5g：植物用の粉末肥料。ホームセンターなどで入手できる

アルミホイル：2つ折にして瓶の口径+4cmの正方形にしたものを2つ用意しておく

グラニュー糖 20g

粉末寒天 8g

電子測り、コンロ、かき混ぜ棒、輪ゴム、軍手

ピューラックス

 注意事項　カビが出たら、必ず瓶ごと圧力鍋で滅菌してから、培地を生ゴミとして捨てること

 実験手順

1. 培地を作る。耐熱容器に水道水1Lと微粉ハイポネックス1.5g、グラニュー糖20gを入れ、よく混ぜる（ハイポネックスは完全には溶けない）。グラニュー糖が溶けたら、粉末寒天8gを入れ、時々撹拌しながら10～15分湯煎する。溶液がある程度透明になったら、培地の完成。

実験手順

2. 滅菌の準備をする。培地はジャム瓶に2割程度入れ、用意しておいたアルミホイルで栓をする。軍手を使ってしっかりと閉め、栓が回らなければ合格。
もう1つの瓶には水を測り入れて、アルミ栓をし、輪ゴムで留めておく（後々0.1％の殺菌液を作る。200mlの殺菌液を作るなら水196.7mlだが、大体でOK）

3. 滅菌する。（鍋の）規定量の水を入れた圧力鍋に、培地と殺菌液用水を入れた瓶を入れ、蓋をして加熱する。蒸気が出始めたら、蒸気が出たままになる程度まで火を弱め、20分後に火を止める。十分に冷めたら圧力鍋を開け、培地と水を常温まで冷ます。培地が固まっていれば次の工程へ

実験手順

4. 種子殺菌。滅菌した水にピューラックスを入れ、0.1％次亜塩素ナトリウム液を作る。(196.7mlの水に対して、ピューラックス3.3ml。大体でOK)そこにサボテンの種子を入れ、10分間撹拌しながら殺菌する

5. 播種。アルミ栓を破かないように少し開け、スポイトで沈んでいる種子を殺菌液ごと吸い上げ、培地上に滴下する。この時、できるだけ殺菌液が入らないように注意する。5～6粒滴下したら、アルミ栓を閉め直す

6. 直射日光の当たらない、温度変化の少ない明るい場所に置いておく。1週間経ってカビが生えなければ、無菌操作は成功と考えて良い。1ヶ月もすれば発芽し、ある程度の大きさまで成長する

解説

＊培地とは

　培地は水、無機栄養素、有機栄養素、植物ホルモン、天然物質、支持材料、pH、浸透圧等様々な要素から構成されており、植物の種類や培養する部位により最適な組成が異なります。今回使用した培地は、H 培地（ハイポネックス培地、京都処方、Kano 培地）を元とした、1/2H 培地です（1/2H+20g/l suc.+8g/l agar pH 未調整）。

　H 培地はラン科植物の無菌播種用として考案された培地ですが、植物ホルモンの追加や濃度・組成の修正により、多くの植物に利用できる培地です。材料が安価かつ入手しやすく、作成も容易なため、日本国内で広く使われています。今回の実験のように食品レベルの代替品を用いても、十分に結果を出すことができるのが魅力です。

　H 培地の他にも MS 培地や Gamborg'sB5 培地、N6 培地等の代表的な培地があり、それらを元に多くの研究者がそれぞれの実験材料に適した組成を考案しています。今回の実験で用いている培地の組成も、決して最適な組成というわけではなく、発芽と成長が確認できた組成というだけです。ぜひあなたの手によって、最適培地を見つけてみてください。

＊殺菌・消毒・滅菌の違い

　植物組織培養において、カビとの戦いは常につきまといます。栄養と湿度のある培養容器内はカビにとってかなりの好環境であり、カビが少しでも入り込むと、植物を侵食し繁殖します。この状態をコンタミネーション（コンタミ）と言います。コンタミを防ぐために、培地や器具類は事前に滅菌処理をする必要があります。

　ここで、「殺菌」「消毒」「滅菌」というよく似た用語の違いについてきちんと理解しましょう。

カビが混入し、コンタミが起こった状態。この状態になったら、瓶ごと滅菌し、培地を生ゴミとして捨てること

解　説

　殺菌：目的とする微生物を殺すこと。
　消毒：病原性微生物を殺すこと、あるいはその能力をなくして病原性をなくすこと。
　滅菌：病原性の有無を問わず、全ての微生物を死滅させるか、除去すること。

　「殺菌」や「消毒」とは違い、「滅菌」という言葉には「全ての」という具体量が定義されています。このことより、「滅菌」は培地や器具に対して使う言葉であり、人体や植物体に対しては、殺菌や消毒ができても、滅菌は行うことができないとわかります。

　培地や器具の滅菌方法は、主にオートクレーブを用いた高圧蒸気滅菌が採用されます。これは器内を121℃、1.0kg/cm^{3}の条件にし、20分間加熱をすることで、微生物を死滅させる方法です。

　なぜここまで手間をかける必要があるのかというと、細菌の中には「芽胞」という耐久型の構造を作る種類が存在するからです。芽胞は30分以上煮沸しても生き残り、簡単には死滅させることができません。しかし、前述の条件で加熱することで、芽胞を含めたほぼ全ての生物を死滅させることができるのです。

　今回の実験では、この滅菌処理に圧力鍋を用いています。調理器具とはいえ、その仕組みはオートクレーブと大差なく、家庭での培養では十分にその役割を果たしてくれます。ただし、食品以外のものを中に入れるため、専用のものを用意するようにしてください。

＊一番のポイントは種子殺菌

　今回の実験において一番気を使うのが、この種子殺菌の部分です。なぜなら、滅菌処理により無菌状態に保たれた培養容器の中に、滅菌することのできない植物の種子を入れるからです。種子殺菌のポイントは、「発芽能力を保ったまま、付着している菌を殺す」という点です。このある意味矛盾した状況を実現させるために、植物の種類によっては職人技とも言える技術を必要とします。

　種子殺菌は、前処理、殺菌液の種類、殺菌液の濃度、殺菌時間、すすぎの有無などの要素から構成されており、植物により殺菌方法が異なります。殺菌液には次亜塩素酸ナトリウム溶液（アンチホルミン）がよく用いられます。アン

チホルミン6％液のピューラックスは薬局で入手可能なため、家庭での培養にはぴったりの商品です。

今回はクリーンベンチを使用しないため、殺菌した種子が菌の漂う空気に触れないよう、薄めの殺菌液ごと培地に滴下する方法を採用しました。アルミ栓をめくった際、極力菌が入り込まないよう注意しましょう。

＊どこに置いておくべきか

培養苗を順調に生育させるため、本来であれば温度、湿度、光、空気にまで考慮した培養室が理想です。しかし、直射日光の当たらない、温度変化の少ない明るい場所に置いておけば、多少速度は落ちますが問題なく生育します。

ただ、温度変化が生まれることで、培養容器内外で空気の出入りが生じ、菌が入ってしまう確率が大きくなりますので、できるだけ定温の環境に置いてあげましょう。照明をつけることで生育速度が上がることもあるので、無事発芽したら挑戦してみてください。

＊継代、さらにその先へ

今回の実験ではサボテンの無菌苗を得ることができました。サボテンと同様の種皮構造をしている多肉植物等は、同様の方法で無菌播種をすることができます。無菌播種は、発芽の難しい植物を最適な環境で的確に発芽させ無菌環境で育てることで、病害から守り、確実に植物を増やす植物バイオテクノロジーの基本となる技術です。さらに応用で、細胞自体を増殖させクローンを作ったり、遺伝子組み換え……などと発展していきます。

継代し、増やしたサボテン

また、今回は小さな瓶での実験でしたが、衣装ケース等を改造して作った無菌箱やクリーンベンチを用いれば、新たな培地に植え替え（「継代する」と言う）てさらに大きくすることもでき、スケールアップしていくことも可能です。

この世界には多くの植物が存在していますが、無菌化が成功している植物は全体から見ればほんの一部です。この分野では、まだ誰も成功したことのない

解説

ことに、家庭にあるものでチャレンジできるドキドキとワクワクが詰まっています。殺菌方法や培地の組成の組み合わせは無限大です。是非失敗を恐れず挑戦してみてください。

＊インスタント培地のススメ

現在技術が進み、インスタント培地というものが開発されています。ヴィトロプランツが販売している「eViP培地」は、粉末状の培地の素に、熱湯を注ぐだけで様々な組成の培地ができ、容器に注いで栓をすれば、容器内を無菌状態にできるというものです。すぐに培地ができることに加え、耐熱であればプリンカップのようなプラスチック容器でも作れるので、専用の設備がなくてもかなり実験の幅を広げることができます。無菌苗獲得のその先で、ぜひ活用してみてください。

eViP培地を使えば、写真のようなプリンカップでも実践可能

 教育のポイント

＊植物バイオテクノロジーの可能性

こうした実験をしなければ、おそらくバイオテクノロジーというものに意識的に関わったことのある生徒はほとんどいないと思われます。しかし、その恩恵を受けたことのない人はいないはずです。今回の実験を通して、サボテンの小さな苗が、ウイルスフリー苗の作出、育種、生産効率の向上、絶滅危惧種の保護、さらには食糧問題の解決といった、この技術の先に広がる光景を想像させてくれます。

授業では、それらの仕組みや課題、未だ普及していない人工種子などの技術を、植物の性質と同時に紹介することで、生徒が植物バイオテクノロジーに興味を持ち、より身近に感じるための手助けとなるでしょう。

実験 Experiment No.04

モーターなしで走り出す！
不思議なコイルトレイン

| 難易度 | ★☆☆☆☆ |

対応する指導要領

中学校理科／様々なエネルギーとその変換

中学校理科／電磁誘導

物理基礎／運動の法則・物体の落下運動

実験のテーマ　モーターもエンジンもなしで動く乗り物が作れないだろうか。そんな疑問に答えてくれる新しい乗り物を、針金・電池・磁石だけで作ってみる

Coiltrain　049

電池・磁石・コイルだけで
動力は一切なし！

　電車や電気自動車が動くにはモーターが、また多くの車にはエンジンが必要です。リニアモーターカーと呼ばれる乗り物にも、モーターの一種であるリニアモーターが必要です。では、このほかの方法で車や電車を動かすことはできないものでしょうか。

　2014年にインターネット上でコイルトレインという面白いおもちゃが公開されました（動画をアップしたAmazingScience君という方が発明者ではないかと思われます）。このコイルトレインは、間違いなく今までにはない発想から生まれたおもちゃです。このおもちゃのトレインと呼ばれているものは、左下の写真のように電池と磁石からできています。このトレインを金属の裸線で作ったコイルの中に入れたり、コイルの上に置くだけでトレインが動くのです。しかも材料のほとんどは100円ショップかホームセンターで購入できるものばかりで、簡単に実験できます。

基本実験
01 ヒューンと走るよコイルトレイン

✓ 用意するもの

ネオジム磁石 4個：直径12mm 厚さ2mmのもの。100円ショップで購入できる
銅線 10mほど：直径0.8mmのもの。100円ショップやホームセンターで購入可
スペーサー：電池のプラス極程度の穴が開いた、厚さ1mmほどのドーナツ状のもの。紙かプラスチックで自作する
円筒状の棒：直径9mm程度の木の棒。100円ショップで購入できる
配線カバー：溝の幅が10mm程度のもの。ホームセンターで購入可能
方位磁針：N極とS極がわかれば、磁石でも可

Coiltrain

単3電池1個、キリ

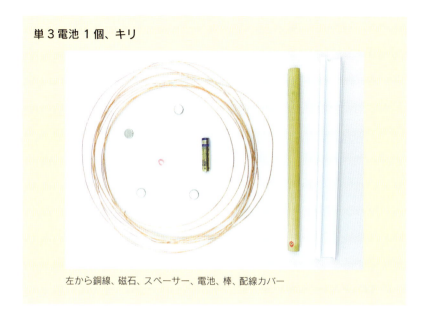

左から銅線、磁石、スペーサー、電池、棒、配線カバー

 コイルにはほとんど抵抗がないため、大きな電流が流れ、コイルや電池はすぐ熱くなってしまう。やけどの危険があるので、トレインがコイルの中で止まったら、すぐに取り出すこと

1 銅線を木の棒に隙き間なく巻きつけ、コイルを作る。はじめは銅線が滑りやすいため、棒にキリで1mmくらいの穴を開けて銅線を刺してから巻きつけるとうまくいく。指が銅線とこすれて赤くなるので、休憩しながら根気よく巻く

051

2 巻き終わったらコイルを木から外す。巻いた方向と逆向きにコイルを回しながらずらしていくと外しやすい

3 電池のマイナス極側に、N極を外向きにしてネオジム磁石を2個貼りつける。方位磁針のS極が近づいてくるほうが磁石のN極なので、方位磁針を当ててみるとわかる

4 プラス極の出っ張っているところに、下図のように自作したスペーサーを入れ、プラス極の頭の部分を平らにする。N極が外向きになるように、磁石を2個貼りつける

実験手順

5. 電線用の配線ケースにコイルを収める。この時、コイルがでこぼこにならないように、きれいに並べるとよく動く

6. コイルの中に電池で作ったトレインを入れ、動かしてみる。動かない場合は、54ページに書いた点をチェックしてみる

053

＊なぜトレインは勝手に走り出すのか

今回の実験では、右図のように、電池にネオジム磁石を貼りつけています。この時、トレインの先頭と最後尾がN極になっています。トレインをコイルの中に入れると、下図のように、磁石を通して電流がコイルに流れます。プラス極側からマイナス極側に電流が流れると、コイルには左側にN極、右側にS極ができます。すると、NとNは反発し、NとSは引き合うためトレインは右向きに動きます。

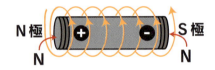

＊動かない時はここをチェック！

コイルトレインが動かない場合は、以下のようなところに原因があると思われます。
☐磁石の向きは正しいか
☐磁石と電池の金属部分が触れ合っているか
☐磁石とコイルは触れ合っているか
☐コイルがさびていないか
☐コイルの内側がでこぼこしていて、トレインが引っかかっていないか
☐コイルの隣同士の線が触れていないか
☐電池が古くないか

このコイルが作る磁場（磁力線があるところ）の強さ（コイルは電磁石なので、電磁石の強さと考える）は、巻き数と電流の大きさで決まります。コイルの線の隣同士が触れていると、巻き数が減ったことになってしまいます。

また、コイルトレインは、大きな電流が流れるため、乾電池はすぐに消耗してしまいます。古い電池だと動かない場合があり、たとえ新品でも、何度か走らせるうちに動かなくなる場合があります。

＊実験する時の注意点

コイルにはほとんど抵抗がありません。例えば、直径0.8mm、長さ10 mの銅線は、0.3 Ω程度です。電流が流れている部分は電池がある部分だけですから、この1/10くらいの抵抗しかありません。抵抗が小さいと流れる電流は大きくなり、コイルは熱を持つようになります。これに加えて、電池もどんどん熱くなります。やけどの危険がありますので、トレインがコイルの中で止まってしまったら、すぐに取り出してください。

＊改良点を考えさせて、磁石と電気の理解を深める

授業では「どれだけ急な坂道を登れるか」「どれだけ早く走らせることができるか」などの課題を与え、生徒に改良させていくと良いでしょう。生徒はまずコイルトレインが走る原理を基に仮説を立てます。はじめは磁石の数を増やせば力が強くなり、急な坂も登れるし、速くもなるだろうなどと単純に考えるのですが、磁石を直列につなげると、重さは数に比例しますが、推進力は数には比例しないことに気がつきます。また、前が軽いほうが速いのか、後ろが軽いほうが速いのかなども、結果を見るまではどちらが正しいのかわかりません。結果が出たあとにもまた議論が始まり、走っている最中に発生する摩擦力や電気抵抗など、いろいろな意見が交わされます。実際のところ、どの意見が正しいのか判定するのは難しいのですが、この議論により、磁石や電気のことを深く考えるきっかけになり、とても楽しい授業になります。

ちなみに、今までで最も急な角度は約80度でした。また、Amazing

Science 君は、チョロ Q より速いコイルトレインを作っています。早く走らせるコツは、焦らずゆっくり丁寧にコイルを巻くことと、新品の電池を使うこと、そして、コイルが動かないように電線ケースをテープで固定するなどの方法が考えられます。

実験 Experiment No.05

気分は鑑識官！
瞬間接着剤で指紋検出

| 難易度 | ★★★★☆ |
| 対応する指導要領 | 化学／有機化合物と人間生活 |

実験のテーマ
何気なく使っている接着剤の仕組みを、分子レベルの視点で科学的に解明。ものとものとがくっつくとはどういうことなのか、正確に理解する

Fingerprint detection

なぜ接着剤は用途ごとに使い分けなければならないのか

接着剤とは、ものとものを「くっつける（接着する）」もので、ホームセンターやスーパーには様々な接着剤が売られ、陶器から木工、中には金属用の接着剤まで販売されています。では、なぜ1つの接着剤で何もかも接着することはできないのか。これこそが今回のキモです。接着剤の接着方法とその仕組みについて、分子の眼鏡で迫っていきます。授業が終わる頃には、なぜ万能接着剤が存在しないのかが理解でき、家具の修理からちょっとしたキズ隠しまで、ケースバイケースの正しい接着剤選びができるようになっているでしょう。

様々な接着剤が売られているので、どれを買えば良いのか迷う

導入となる実験では、よく刑事ドラマのワンシーンで見かけるあの場面、指紋検出を身近な接着剤を使ってやってみます。大がかりな装置は不要な割に、本格的な指紋の検出ができ、生徒も興味を持って取り組んでくれること間違いなし、取っかかりとするにはピッタリな実験です。

基本実験
01 注射器があればOK！簡単指紋検出

☑ **用意するもの**

瞬間接着剤：シアノアクリレートを使用しているもの
注射器：ポリエチレン製のもの
バーナー：ライターでも可
アルミテープ
ハサミかペンチ

— Fingerprint detection

 注意事項　気化したシアノアクリレートはなるべく吸い込まないよう、換気を良くして実験を行うこと。また、アルミテープは加熱すると熱くなるため、うっかり触らないよう注意する

1　ハサミやペンチで注射器の一部を切り取る

2　アルミテープで穴をふさぎ、中に瞬間接着剤を入れてバーナーで加熱する

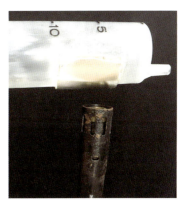

3　指紋がついているところに軽く吹きつけるだけで、ふわっと白い指紋が浮かび上がる

4 浮かび上がった指紋

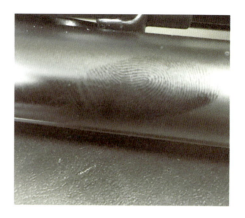

＊警察でも使われているテクニックを実験室で

　瞬間接着剤のシアノアクリレートは、警察の科学捜査においても指紋の検出に使われています。とはいえそれほど難しい方法ではなく、瞬間接着剤の液体を電熱などで加熱し、その蒸気を指紋のついたものに吹きつけるだけで指紋が浮かび上がってくるというものです。気化したシアノアクリレートが指紋の成分である微量の水分と反応し、真っ白に浮かび上がる……というのがカラクリです。

　しかし1点だけ注意が必要なのは、気化したシアノアクリレートはあまり吸い込むと良いガスではないのと、空気中の水分と即座に反応してしまうので、気化したガスだけを指紋検出したい場所に吹きつける装置を作ったほうが安全に実験が行えます。

　装置といっても大がかりなものではなく、注射器の一部分に穴を開け、そこにアルミ板などを貼りつけるだけなのですが、アルミテープなどを使えば綺麗に密封できます。

　中に瞬間接着剤の液を入れて、あとは注射器を後ろに大きく引いた状態で、アルミ部分に垂らしたシアノアクリレートをライターなどで炙ります。すると、中に白いガスが充満するので、それを指紋を検出したい場所にゆっくりと吹きつけるだけです。即座に指紋が真っ白に浮かび上がってきます。

解 説

> 残ったガスはピストンを抜いて換気の良いところでガス抜きすれば、同じ装置を使って何回か実験が行えるので、経済的でもあります。

02 ちょっぴり派手に。蛍光の指紋検出

発展実験

用意するもの

紫外線硬化樹脂使用の瞬間接着剤：車の傷の修理用などとして売られている

紫外線ランプ：375nm以下の波長のもの

車用のキズ埋め剤コーナーに行けば手に入る

 注意事項 指につけた状態で紫外線を当てたり、太陽光の下に出ると固まって取るのが困難になるので注意。指紋を採ったあとはキッチンペーパーなどで拭き取り、石けんで良く洗うこと

 実験手順

1. 接着剤をごく少量取って指につけ、黒い紙に押しつける

061

2 　紫外線ランプを当てると……

3 　即座に硬化、青く光る指紋が採れた！

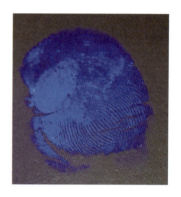

＊実験の原理

　最近は接着剤のコーナーに、紫外線硬化樹脂を用いたものも発売されています。紫外線硬化樹脂はその名のとおり紫外線によって硬化する特徴があり、広い素材に濡れ性も高く、強度もそこそこあるので、ネイルサロンなどで爪の飾りつけなどにも使われています。この紫外線硬化接着剤も指紋を採るのに極めて適しており、ごく少量を指につけて、黒い紙に押しつけるだけです。あとは紫外線ランプを当てると即座に硬化します。

＊接着剤の分類

　さて、一口に接着剤と言っても、いざ売り場に行ってみると本当に数多くの種類が売られています。特にここ 10 年くらいで、多くのメーカーから極めて優秀な接着剤が数多くリリースされました。合成ゴム系、シリコンゴム系、ポリウレタンにエポキシ樹脂系、ポリイミド系、ネオプレンフェノール樹脂系や

解説

ナイロンとエポキシの複合……などなど枚挙にいとまがなく、個々を分類していくとそれこそ本が1冊出来上がってしまうほどに複雑です。

まずはそれぞれの接着剤の特性、接着する素材、接着強度、そして濡れ性について解説してまいります。

まず接着剤を機能別に簡単に分類すると、木工用ボンド、合成ゴム系接着剤、エポキシ系接着剤、シアノ系瞬間接着剤、ホットメルト接着剤、そして嫌気性接着剤になります。市販されている接着剤がどれに該当するかは、よく見るとパッケージに書かれています。大方の接着剤の用途などをまとめると、以下のような感じになります。

接着剤の種類	用途	接着強度	応力に対する剥がれやすさ
木工用ボンド	木・紙	普通	普通
合成ゴム系	焼き物やガラス、金属まで多種多様	強い	強い
エポキシ系	焼き物やガラス、金属まで多種多様	強い	普通
シアノ系瞬間接着剤	硬いものの小さな破断修復、金属同士	極めて強い	普通
ホットメルト接着剤	多種多様な素材を固定できる	弱い	弱い
嫌気性接着剤	金属同士、ネジの緩み止め	極めて強い	弱い

また、素材が接着剤となじむかどうかを「濡れ性」と呼びます。濡れ性が高いほうが、接着強度も高くなります。濡れ性とは、くっつけるものに対しての浸透しやすさ、広がりやすさ等を表した言葉です。

次からはそれぞれの接着剤についてもう少し詳しく見ていきます。

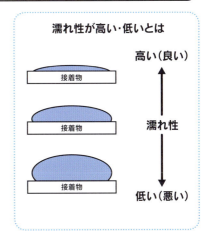

・木工用ボンド

木工用ボンドは、その名のとおり木や紙といったセルロース系の接着を得意とします。壁紙なども木工用ボンドとほとんど同成分の接着剤によって接着さ

063

れているので、一部剥がれた壁紙の修復などは木工用ボンドとヘラなどで綺麗に直すことができます。また湿気や水によって剥がれるという特徴があるので、水回りでは使えないということは、頭に入れておきましょう。

・合成ゴム系

　合成ゴム系は、乾いたあとも粘度が高い状態で2つのものを固定するという特徴があります。ゆえに硬いもの同士をくっつけておくより、ベルトや鞄などの合皮・皮といった柔軟性のあるものの接着を得意とします。

　逆に割れた硬いものをくっつける場合は、別の接着剤のほうが隙間なく綺麗に接着が可能です。

・エポキシ系

　エポキシ系接着剤の多くは2剤式で、使用前に同量を良く混ぜ込むことで化学反応が起こり、エポキシ系樹脂として極めて強固に固まります。特に環境に合わせた多種多様な商品が多い接着剤で、様々な用途向けに発売されているので、割れたものや剥がれたものの種類に合わせて使うことで、かなり綺麗に修復・接着が可能です。

　気をつけるべきは、2剤を混ぜる時に気泡が入るような混ぜ方をしないことです。よく混ぜようとヘラを使って空気を巻き込むような混ぜ方をすると、樹脂の中に気泡が多く残り、接着強度が下がり、仕上がりも汚くなってしまうことがあります。また経年で色味がつくことがあるので、真っ白な焼き物の修復などには後ほどヒビが目立ってくることもあります。

・シアノ系（瞬間接着剤）

　シアノ系瞬間接着剤はごく微量で高い濡れ性を持ち、重合固化することで極めて強い接着が可能な接着剤です。しかしこじ開けるようなテコの応力のかかる負荷には極めて脆く、垂直に引っ張られる強度は高いですが、固定後多方面から力が加わる面には不向きです。

　また水に対しても抵抗力は低めで、徐々に加水分解して脆化していくので、水分が多い接着も難しいと言えます。

解説

・ホットメルト接着剤

　ホットメルト接着剤は「グルーガン」という名前でご存じの方が多いかと思いますので、あまり接着剤という印象はないかもしれませんが、非常に多くの素材をくっつけることができます。耐候性にも優れており、大半のものを固定できます。しかし、濡れ性がそれほど高いわけでないため投錨効果（のちほど説明します）が悪く、あくまで仮止めの領域を出ないため、長期間固定する必要のあるものにはあまり向いていません。

・嫌気性接着剤

　嫌気性接着剤はあまりなじみのない接着剤ですが、ホームセンターの接着剤コーナーに行くと片隅に売られています。用途はネジの緩み防止で、その名のとおり無酸素環境下で重合が始まり硬化します。

　緩むと困るネジや、隙間を充填しておきたい場合などに使い、金属同士を貼り合わせるなどの用途では非常に強い強度と耐候性を発揮します。

　使用方法はネジやネジ穴に垂らして使うだけです。注意すべきは、垂らす際に液の注ぎ口を直接ネジなどの金属に接触させないようにすることです。接触させて鉄粉などが入り込むと、そこから重合が始まり、中の接着剤が全部固まってしまいますので、ノズルはなるべく清潔に、ゴミが入らないように気をつけると長く使うことができます。

 教育のポイント

＊接着剤の仕組み

　では、接着剤とはどのようにしてものをくっつけているのでしょうか。そもそも接着剤による接着は、何と何を接着するかによって接着方法を変えなければいけません。

木工用ボンドと瞬間接着剤で比較してみましょう。木工用ボンドはその名のとおり、木や紙のようなざらざらとしたもの同士をくっつけるのが得意な接着剤です。一方、瞬間接着剤は表面がツルツルのもの同士をくっつける時に高い強度を発揮します。以前放映されていたＣＭで、鉄板同士をうまく貼りつけると、車をぶら下げてもビクともしないぐらい凄まじい強度になる──そんな映像が記憶に残っている人もいるのではないでしょうか。

　木工用ボンドで湯飲みは修理できませんし、瞬間接着剤で木を貼り合わせようとしてもうまくいかないのです。どうしてでしょうか？

　木工用ボンドの主成分は酢酸ビニル樹脂です。酢酸ビニル樹脂が水分を含んだ乳化物として存在しており、水分が失われることで酢酸ビニル自体が固化していきます。この時に、木や紙のような親水基が多く、多孔質のものの間にあることで、木工用ボンドが接着したい双方に吸い込まれるようにしみ込んでいき、やがて水分が揮発して固化すると、双方のミクロの隙間に食い込んだまま固化するために、隙間なくガッチリ硬化するわけです。

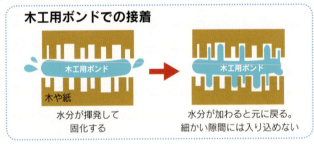

　しかし、分子の目で見ると、木工用ボンドはあくまで酢酸ビニル樹脂が干上がって固まっているだけで、可塑剤である水分が加わると、再び元のゲル状に戻る特徴があります。故に水がかかるようなものの接着は無理なのです。なおかつ分子のサイズがポリマーなので大きく、それほど細かい隙間に入り込んでくっつくことができないため、割れたお茶碗を修理することはできないわけです。

　では瞬間接着剤は、どうしてお茶碗を修理できるのでしょうか。瞬間

接着剤はシアノアクリレート系樹脂で、固化する時に水を触媒として重合します。つまり木工用ボンドとは違い、固まる前と固まった後では分子的な構造が違うというわけです。

そして反応に必要な水は、空気中の水蒸気で十分なので、瞬間接着剤は小さな容器に密閉して入れられ、専用のケースに納められているわけです。専用のケースの中には乾燥剤が詰められており、使用しない時に中で重合して、使えなくなるまでの時間を稼いでいるわけです。また分子構造が小さく、濡れ性が高いため、瀬戸物の割れ面や、金属の微少な表面の凹凸に入り込み、重合し固化することで、極めて強力に接着するというわけです。

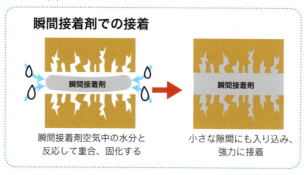

瞬間接着剤での接着

瞬間接着剤空気中の水分と反応して重合、固化する

小さな隙間にも入り込み、強力に接着

＊物理的接着剤と化学的接着剤

商品によっては、さらに防水性の高い樹脂や、耐候性に優れたバインダーが調節されることで、「○○用」と使用用途に合わせた商品展開がなされています。こうした専用接着剤が数多に存在するのは、くっつけるものの性質に応じた絶妙な配合比が成せるもの、というわけです。

このようにミクロな隙間に入り込んで固まる作用を「投錨効果」と呼び、この効果によるものは物理的接着剤に分類されます。

物理的接着に対して化学的接着というものもあり、例えばアクリル樹脂同士をくっつけるのに、アクリル樹脂を溶かすテトラヒドロフランなどの溶剤を使い、表面の分子を一端遊離させて混和させたあと、もとの共有結合や水素結合に戻すものを化学的接着と呼びます。

これは隙間なくくっつけることができるので、例えばある程度厚みの

あるアクリル樹脂を何枚も重ねて積層接着すれば、もともと1枚で成形されたものと同様のものが出来上がります。水族館の大水槽のような大きな水圧に耐えられる巨大なアクリルパネルも、この技術を使って作られています。

＊くっつく需要・くっつかない需要

　接着剤があれば身の回りにあるものは大抵くっつけることができそうですが、くっつかないものも多くあります。ポリエチレンなどはその最たる例です。高分子プラスチックとして身の回りで多く使われ、身近なもので言えば下敷き、灯油タンクなどがポリエチレンでできています。ポリエチレンはその名のとおりエチレンがポリマーをなしている単純な構造なので、表面は水素が外に向いているだけというものです。

　ということは、その接合を断ち切って化学的に接合するのは極めて難しいわけで、故に、表面をやすりがけするとか、物理的な「ひっかかり」を作ってその隙間を別の樹脂で埋めることで疑似的に接着するしかないわけです。

　しかし物理的なひっかかりを作っても、素材が柔らかいためにすぐに剥がれてしまい、体重をかけても大丈夫なくらいに強固にポリエチレンに食いつく接着剤はありません（最近のシリコンゴム系接着剤は比較的よくくっつきますが、それでもシート状に剥がれやすいです）。

　逆にポリエチレンの「くっつかなさ」を極めていくと、PTFE（ポリテトラフルオロエチレン）、つまりはテフロン樹脂になるわけです。テフロン樹脂の表面は、水素よりも強固に炭素原子にくっついたフッ素原子が覆っており、化学的にそれを断ち切って接着することは極めて難しいということになります。故にきちんと使う限り、テフロンコートのフライパンはすべすべとした表面を維持できるわけです。

　これに接着剤で何かをくっつけようとすると極めて難しく、複合的な素材で無理矢理くっつけるしかありません。それでも、テフロンコートしたフライパンを海に沈めておくと、イガイやフジツボといった生き物がつくことが知られています。当然ポリエチレンの浮きやペットボトル、ガラス瓶と、およそ接着剤が乗りにくいものにでも、これらの生き物は

海水中でくっつくことが可能で、何ヶ月も海の中で過ごす潜水艦や船底などにこうした生き物が付着していくことで、推進性が失われて燃料のロスになるという問題になっています。

　こうした生き物がつかないようするために殺虫剤を塗ったりするのですが、環境破壊にもなりえますし、海の中を進むという海水での無限洗浄に耐えうる薬剤もまたないため、接着剤と同様、「接着されない素材」というのもまた1つの化学のジャンルとして存在し、多くの研究者が日々研究を重ねています。

実験 No.06
Experiment

偏光を操り
虹色を作り出す

| 難易度 | ★★☆☆☆ |

対応する指導要領
物理基礎／波の性質
物理／光の伝わり方

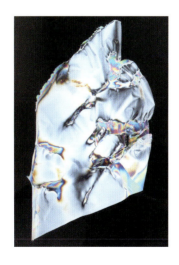

実験のテーマ

液晶テレビやサングラスといった日常のそこかしこで利用されている「偏光」現象。簡単な実験を通して身近に感じることで、複雑な原理への抵抗感を減らす

Polarization   071

偏光サングラスで
見えにくいものが見やすくなる理由

　皆さんは何のためにサングラスをかけるでしょうか。1つはまぶしさを軽減するためですが、そのほかには風よけのため、ということもあるかもしれません。加えて偏光サングラスであれば、スキーやスノーボード中、光や風の軽減以外に、雪面での反射光を消して、雪面のこぶを見やすくする目的で使用することがあります。また、釣りの時にも水面の光の反射を遮り、水中を見やすくすることができます。

　これは「偏光」という現象を利用したものです。わかりやすく説明すると、左下の写真では水槽のガラス面で蛍光灯が反射し、中の様子がわかりにくくなっているのに対し、偏光板を通して撮影した右下の写真では、中の様子がよく見えます。

　今回は、この偏光に関する実験をいくつか紹介します。偏光サングラスは少々高いですが、インターネット通販で安価な偏光板（偏光プラスチック）が入手できる上、手軽に実験して見せることができます。原理まで説明しようとするとかなり難しい話になってしまうので、興味を持ってもらう入口として実験した上で、日常生活でどのように活用されているかといった話をすると良いでしょう。

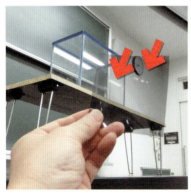
蛍光灯が反射している

蛍光灯の反射が見られない

→ Polarization

基本実験
01 ガラスの反射光を消す

☑ 用意するもの

偏光板 1枚：インターネット通販で 150 円ほどで購入可

注意事項 偏光板で太陽を直接見ないこと

実験手順

1. 蛍光灯が反射しているガラスを探す

2. 偏光板を目の前にかざし、回転させたり自分の立ち位置を変えたりして、反射光がほぼ消えるところを探す

073

＊なぜ反射光が消えたのか

　光を消すと言うと少し大げさな表現になってしまいますが、理屈としては、偏光板で目に入ってくる反射光だけを遮るということです（詳しい原理は76ページで解説します）。この原理は写真撮影によく利用されていて、プロのカメラマンも使うテクニックです。皆さんもスマホなどで写真を撮る時に反射光が邪魔になったら、レンズの前に偏光板を入れて反射光を遮ってみてください。少し画面は暗くなりますが、反射光のない綺麗な写真が撮れるはずです。

02 虹色スプーン

☑ 用意するもの

偏光板 2枚
ビニール袋に入ったプラスチックスプーン 1本

注意事項　偏光板で強い光を見ないこと

1. 2枚の偏光板でスプーンを挟み、蛍光灯などの光源にかざす
2. 片方の偏光板を回転させると、スプーンが虹色に見える

074

3 スプーンが入っていたビニール袋を引っ張って伸ばし、偏光板に挟んでみると、同様に綺麗な虹色を観察できる

*光弾性の観察

　力が加わると大抵のものは変形します。偏光板を使うとその変形の様子をうまく観察できるので、力がどの方向に加わっているかがよくわかります。ただ、何でも観察できるというわけではなく、素材は選ぶ必要があります。

　この現象は光弾性と呼ばれており、力が加わって変形したプラスチックは内部の分子配置が変化し、透明であったはずのプラスチックが、偏光板を通して色を観察できるようになります。

　プラスチックスプーン以外では、テーブルクロスなどに使われている厚手のビニールでも同様の実験ができます。

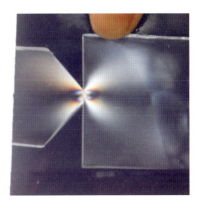

　２枚の偏光板で挟み、ビニールを楊枝などで押すだけです（楊枝の代わりに、厚手のビニールを切り取って作った棒状のもので押しても面白いと思います）。力が加わっている様子がとても綺麗に観察できるはずです。

 教育のポイント

＊光には波の性質がある

　スプーンが虹色に見えるのは、光の波の性質によるものですので、まず波のことを説明してからスプーンが虹色に見えた理由を説明します。

　光の波は、長いひもをゆすってできる波のようなものです。ゆすり方によって上下方向に揺れたり、横に揺れたりしますね。皆さんが見ている光はこのようにいろいろな向きに揺れている波と考えてください。

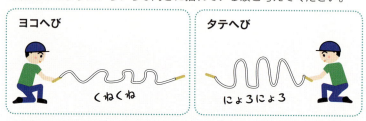

　偏光板は、このような波のうち、ある向きに揺れている波だけを通過させることができる特殊な板です。ですから、偏光板を通すと、通過できない光があるため少し暗く見えると思います。このような振動方向が１つの方向の光を「偏光」と呼びます。

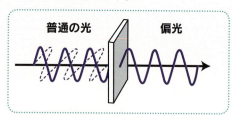

＊スプーンが虹色に見える理由

　この理由を厳密に説明するには、複屈折という現象について解説しなければなりません。しかし、あまりにも専門的になるため、ここでは複屈折という言葉を使わずに説明します。深く知りたい人は、ぜひ複屈折について調べてみてください。

　自然の光にはいろいろな色の光が入っています。虹はそのいろいろな

光が分かれて見える現象です（右図参照）。

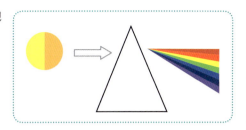

右の写真を見てください。これは２枚の偏光板の間にセロテープを挟んで撮影した写真です。

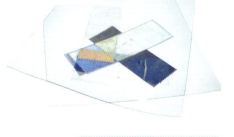

水色の部分に注目してください。光で水色を作るには、何色と何色を混ぜればよいでしょうか。右の図は青・赤・緑色の光（これを光の３原色と呼び、絵の具とは異なるので注意してください）を重ね合わせた時にできる色を示しています。水色は青と緑が重なったところにあります。つまり自然光から赤を消し去ってしまうと水色になるのです。

光の３原色

実は、２枚の偏光板とその間に挟んだセロハンテープで、いろいろな色を消し去ることができるのです。消せる色はセロハンテープの厚みで決まります。そのため、セロハンテープを重ねると、その厚みに応じた色が消え、通過した光で虹色を作るのです。

同様のことがビニールやプラスチックでも起こり、偏光板に挟まれたスプーンやビニールが虹色に見えたのです。ただし、ビニールやプラスチックでも平らなものは、あまり色づいて見えません。少し曲げたり伸ばしたりしてみると、色がはっきりと出るようになります。これは、曲げることによりビニールやプラスチックの構造が変化し、色を消せるよ

うになるからです。スプーンは平らなプラスチックを曲げてあるので、色が良く見えるのです。

＊身近にある偏光を利用したもの

　この現象は偏光や複屈折といった難解な現象です。ここでは原理をしっかり理解させることよりも、日常生活での活用例を知らせるといいと思っています。

　日常生活における偏光との関わりと言えば、液晶テレビやパソコンの画面、サングラス、ゴーグル、カメラのレンズ、プロジェクター、3D映画などが挙げられるかと思います。これらを例にとって動作原理などを説明するといいでしょう。

　右の写真は、1枚の偏光板を通して見た液晶テレビの画面です。こうして光が遮られてしまうということは、テレビから出ている光は偏光だということがわかります。

　また、地学の分野では、岩石結晶の光学的特性に着目し、偏光が作る干渉縞で岩石の構造を特定しています。これは、コノスコープと呼ばれる方法です。

　コノスコープは、2枚の偏光板とOHP用の透明フィルム（大型電気店などのパソコンコーナーにあります）があればすぐに観察できます。偏光板2枚の間にOHPフィルムを挟み、偏光板から1〜2cmくらいのところに目を近づけ、縁のほうを観察すると虹色の縞模様でできた丸みを帯びた像が見つかります（右写真）。この像は、光が岩石を通過する時に起こ

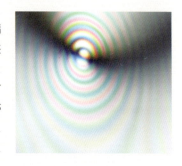

る複屈折という現象によるものです。こうして紹介することで、岩石に興味を持ってくれる生徒も出てくるかもしれません。詳しくは岩石の図鑑などを見てみるといいでしょう。

　また、昆虫の世界では、この偏光という現象をうまく利用し、オスとメスを見分けたり、方角を知るものもいます。例えば、ミツバチは空を見るだけで太陽の位置がわかります。それはミツバチの目が偏光板の役目をしているからです。右の写真のように３角形に切った偏光板４枚を、上下と左右で偏光が異なるように貼りつけます。この偏光板で空を見ると、偏光板の色の濃さで太陽がある方向がわかります。

　実際のミツバチは４枚ではなく８枚の偏光板を備えた目を持っており、正確に太陽の位置を観察しているようです。太陽の位置を正確に読み取ることで、巣の位置やえさのありかを知る手がかりとしているようです。

実験 Experiment No.07

光で奏でる電子のメロディ

難易度 ★★★☆☆

対応する指導要領　中学校理科／様々なエネルギーとその変換

実験のテーマ
光を当てるだけで音楽が流れ出す…!?
一見すると不思議な実験が、難解だと思われがちな光通信技術に対する興味を引き出してくれる

Optical communication

難しいと思い込みがちな「光通信」を
グッと身近にする実験

　光通信と聞くと、何を思い浮かべますか。インターネット、スマホ、ゲームなどいろいろなことが思い当たると思います。多くの人は「難しそうだ」「原理すら理解できない」と思い込んでいるようですが、実際には、ごく単純な光通信装置は、音楽を作る装置、光を作る装置、光を受信する装置、受信した光を音に変える装置の組み合わせで作ることができます。まずは装置を組み立てて音楽を聞いてみましょう。

基本実験

01 光で音を発生させる実験

☑ 用意するもの

電子オルゴール：ネット通販で購入可能（150円ぐらい）

電池ケース：単3電池2本3V用。電子パーツなどを扱うネットショップで購入可能（150円ぐらい）

太陽電池：太陽電池付き電卓（700円ぐらい）を分解しても可。太陽電池を覆っているカバーを外し、配線を切り取る（電卓は内部の水銀電池で動くので、そのまま使える）

パソコン用アンプ内蔵スピーカー：ネット通販で1000円ほどで手に入る

LED：できれば高輝度のものが良い

電子オルゴール

LED

 道具を使う時はケガに注意

Optical communication

実 験 手 順

今回の実験装置の全体図。最終形がこの形になるように組み立てる

1　電子オルゴールのスピーカー部分を切り取り、LED を取りつける

083

2 電池ケース（電池2本入り）を電子オルゴールに取りつけ、同じ色の線をつなぐ

3 太陽電池をアンプ内蔵スピーカーにつなぐ

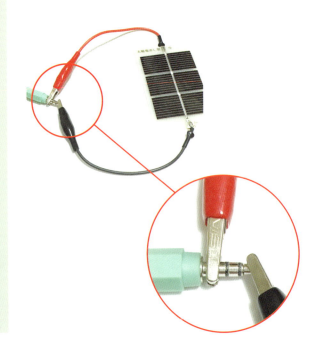

4 電池ケースのスイッチをオンにして LED を発光させ、
太陽電池に光を当てる

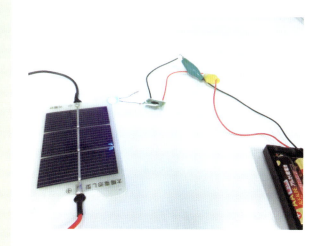

5 スピーカーから音楽が流れたら、実験成功!!

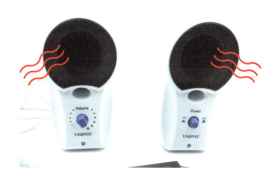

085

＊実験の原理

　スピーカーで音を鳴らすには、例えばラの音なら1秒間に440回スピーカーを振動させれば良く、振動の回数を変えれば、音の高さも変わってきます。今回使用した電子オルゴールは、スピーカーに電気信号を送って振動させ、音楽を鳴らす装置です。このスピーカーを振動させるための電気信号を、スピーカーではなくLEDに入力すると、人間には感じ取れないくらいですが、光が強くなったり弱くなったりと、信号に合わせて明るさが変化します。この明るさが変化する光を太陽電池に当てると、光の強弱に合わせて、発生する電圧が大きくなったり小さくなったりします。この電圧をスピーカーに入力すると、その強弱に合わせてスピーカーが振動し、音として聞こえるという仕組みです。

　実はAMラジオも似たような原理で鳴っています。発展学習としてインターネットや、図書館で調べてみると良いかと思います。

＊身近にある光通信の技術

　光通信を理解するためには、音の振動数や太陽電池、そして光の分野の知識が必要になります。音の高さは振動数に関係し、太陽電池は光の強さで出力する電圧や電流の大きさが変化する……という前提を踏まえていくと、理解はしやすくなってくるはずです。

　また、実際の光通信では光ファイバーが使われていますので、全反射の学習の時には右ページの写真のようなプラスチック製のファイバーを使って光通信の話をすると良いでしょう。このプラスチックファイバーを適当な長さに切って、片方からLEDの光を入れ、反対側から出てくる光を太陽電池に当てて、実際の光通信に近い状況を作ります。全反射の授業では水槽などを使って反射の様子を見せることも重要なのですが、

この原理が何に使われているかを示すことも大切なことです。

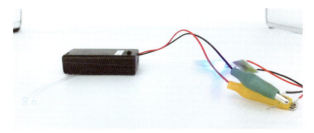

　とは言え、この実験をすると、多くの生徒は全反射のことよりも「光で通信できた」という印象が強くなってしまいがちです。授業の焦点がぼやけてしまう可能性もあるのですが、全反射が現代の情報通信技術に使われているということが強く印象に残ってくれればそれはそれで良いことだと思っています。

　つくば市にある産業技術総合研究所の見学施設「サイエンススクエア」に行けば、今回の実験をまさに応用したものを見ることができます。展示物の上の天井近くに発光部があり、受付で借りたスピーカーにその光が当たると、解説が聞けるようになっています。この原理はまさに今回の光通信と同じで、光の信号を音に変えているのです。このほかにもリモコンスイッチや自動ドアなど光を使った通信システムはあちらこちらにあるはずなので、身近なところで探してみるのも楽しいと思います。

怪しく光る蛍光結晶

| 難易度 | ★★☆☆☆ |

| 対応する指導要領 | 化学基礎／原子の構造
化学／有機化合物 |

実験のテーマ
蛍光ペンや道路標識など、目につきやすい色で生活に役立っている蛍光。見た目にも美しい光る結晶作りを通して、我々の可視光線の範囲、蛍光の原理を学ぶ

Fluorescent crystal

安全ながらも パッと目を引く美しい実験

　蛍光といえば、身近なものでは参考書や教科書に使う蛍光マーカーから、道路標識や塗装用ペンキ、意外なところでは洗濯洗剤の中の増白剤も蛍光色素です。2008年に下村脩博士がオワンクラゲの緑色蛍光タンパク質を発見したことからバイオイメージングの戸口を開き、ノーベル化学賞を受賞したことで記憶にある人も多いでしょう。

　しかし、学校や子ども向け実験教室などで紹介される、蛍光性を生かした実験といえば、ケミカルキャンドルの実験や、ブラックライトで光る隠し文字的な実験といったところです。

　今回は、本書の第1弾『魅了する科学実験』でも紹介したストームグラスの蛍光バージョン、そしてアメリカの実験紹介サイトで最近話題になっている、スマッシュグロウと呼ばれる破壊発光を起こす結晶の作り方を紹介します。かなりマニアックな薬品を使いますが、それほど危険な実験でもなく、同じく破壊発光を起こす氷砂糖の発光などはあまり見えないことが多いので、教材としてこちらのほうが優れていると言えるでしょう。

基本実験
01 蛍光ストームグラス

☑ 用意するもの

樟脳 13g：押入用防虫剤などで手軽に入手できる
硝酸アンモニウム 2.5g：瞬間冷却剤として販売されている
塩化カリウム 4g：「減塩塩」などの、塩化ナトリウムを半分含有しているものでも問題ない
エタノール 40ml：薬局で手に入る無水アルコール
蒸留水 30ml
蛍光剤：蛍光ペン数本を折って中身を出して刻み、アルコール（分量外）に入れて蒸発させて蛍光成分を取り出す

結晶が安定して出現するまで振らないこと。夏場は気温が30℃を超えると結晶ができにくいため、暑い時期は避けたほうが無難

— Fluorescent crystal

1. 湯煎したビーカーに材料を全て入れ、溶かす。完全に溶けたら瓶に詰め、室温で2日ほど放置すると結晶が出てくる

2. 蛍光剤のおかげでブラックライトで光る結晶が育つ

＊光るストームグラス

　ストームグラスとは、天候や気圧によって（※諸説あります）ランダムに液体中の結晶の形が変わるものです。理化学系ショップやアンティークショップなどで売られていますが、成分は簡単なので家で作ることができます。それを光らせようというのが今回の実験です。

　いろいろな蛍光成分で実験したところ、リボフラビンで着色をすると、結晶生成に特に影響を与えないことがわかりました。少し加熱しながら材料を混ぜ合わせることで、簡単に結晶ができます。

02 触れる! 蛍光性結晶

基本実験

✓ 用意するもの

リン酸2水素アンモニウム 200g：化学試料としてインターネット通販で購入可能
蛍光ペン 数本（できればフルオレセイン）：アルコールの中に刻んで入れ、アルコールを蒸発させると蛍光成分を取り出せる
水 400 g
ジャムの空き瓶など

実験手順

1. リン酸2水素アンモニウムの飽和溶液を作り、蛍光色素を入れる

2. 3〜5日放置すると、一見あまり色がついていないように見える結晶ができる

3 ブラックライトで照らすと、見事に反応して美しい色を観察できる

＊プラスαの材料でひと味違う実験に

　ストームグラスで成長する結晶は脆すぎて液中から取り出すと壊れてしまいますが、ある程度触っても大丈夫な蛍光性結晶を作ることもできます。

　材料はこれまた簡単で、リン酸2水素アンモニウムと水、あとは蛍光ペンとアルコールがあれば十分で、かなり見栄えの良いものができます。教材として売られている、結晶成長観察キットの中身の再現という感じになるのですが、市販の教材キットで使われている色素は食用色素なので、それを蛍光色素に変えることでブラックライトで発光する綺麗な結晶を作ることが可能です。

　フルオレセインなどの試薬がなくても文房具の蛍光ペンを数本、アルコールの中に刻んで入れ、アルコールを蒸発させることで、フルオレセインなどの蛍光成分を取り出すことができるので、それを溶液に加えることで結晶中に不純物として取り込まれ、蛍光性を確認することができます。

基本実験
03 壊すと光る!? 破壊発光結晶

✓ 用意するもの

無水エタノール 100ml
ジベンゾイルメタン 2.93g
硝酸ユーロピウム（6水和物）1.4g
トリエチルアミン 1.9ml
※上記は全て試薬として学校から注文してください
※全てが質量表記ではないのは、あくまで目安程度で構わないためで、それほど神経質に測らなくても大丈夫です

 注意事項　薬品を多く使うため、化学の先生等の指導のもと、実験を行うようにすること

1. 無水エタノールにジベンゾイルメタン、硝酸ユーロピウムを溶かし、2つが溶け終わったところにトリエチルアミンを加え、完全に溶けるまで加熱します。沸騰しないよう、加熱しすぎに注意

2. 溶液を適当な容器に入れ、ゴム栓などでフタをする

実験手順

3. 結晶生成はあまり急激な温度変化を起こすと結晶が小さくなってしまうので、魔法瓶のような温度変化の少ない容れ物に、2の容器ごと入れて2日くらいかけて結晶生成を待つ

4. 出来上がった結晶を砕いて濾過（吸引濾過でも可）し、残液は結晶再生に使えるので取っておく

5. 未反応物質を除去するため、生じた結晶を濾過し、無水エタノールで洗浄後乾燥させる。ブラックライトで綺麗なオレンジ蛍光を示す

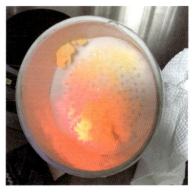

*インパクトがありながらも再利用可で経済的

アメリカの実験紹介サイトで最近話題になっている、「スマッシュグロウ」と呼ばれる破壊発光を起こす結晶の作り方です。この結晶はブラックライトでも光るのですが、出来上がった結晶をガラス瓶に入れて、棒でかき混ぜると、結晶崩壊時に目視でわかるほどのオレンジ色の綺麗な発光を観察できます。おまけに、発光しなくなった結晶は④の液体に入れ、加熱して再結晶化することで何度でも再利用可能です。

硝酸ユーロピウムなどかなりマニアックな薬品を使いますが、それほど危険でもなく、見栄えも良いのでオススメの実験です。

*蛍光とはどういう現象か

蛍光というのは紫外線などを受けて分子が励起することで、余分なエネルギーが光として発生するものです。それが人間の可視光の波長であれば、紫外線は視認できない上に特定の分子に吸収され、可視光が発生すれば人間の目には中から光って見えるわけです。下の写真は、筆者が作った食用蛍光色素で着色した「蛍光うどん」です。ブラックライト（紫外線）で照らすと、とても食べ物とは思えない色に光ります(写真右)。

蛍光が発されるのは、その分子の電子の配置によって決まります。分子の中には様々な電子軌道があり、その中で最も電子密度の高い場所（HOMO：最高占有分子軌道）と低い場所（LUMO：最低非占有分子軌道）、この２つの軌道の間のエネルギー差が紫外線という形で入ると、HOMOの電子がLUMOに入り不安定な励起状態へと変化します。この時の余分なエネルギーを光として発することで「蛍光」が確認されます。

　厳密に言うと、その蛍光が人間の可視光である場合に、「蛍光である」と確認できるのです。例えば、最も単純で蛍光性を持つベンゼンも254nmの紫外線で励起する蛍光性を持ちますが、発する光は300nm以下なので紫にさえ認識することができず、人の目には見えないため、蛍光性がないように見えます。また日焼け止めに含まれる有機色素（メトキシケイヒ酸オクチル等）は、励起したあと今度は熱となるためこれまた蛍光性は存在しないように見えるわけです。一方、蛍光マーカーなどに広く使われるフルオレセインなどは、515 nmの波長の光、つまりは緑色に発色して見えます。

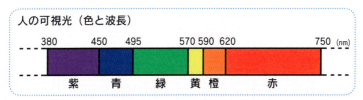

　余談にはなりますが、紫外線領域まで見ることができる鳥類などの中には、ベンゼンの発光が見えるものもいるかもしれません。ちなみに鳥類は人間の３原色の元になっている３種類の錐体細胞ではなく、４原色とも言える４種類の錐体細胞を持っています。さらに視力の解像度とも言える中心窩での神経細胞の密度も数倍あるため、人間とは比べものにならない超精細なビジョンを持っていると考えられます。「見える」ということは動物によって異なるわけです。

＊暮らしの中の蛍光性物質

　蛍光性物質は、その目を引く性質から様々な場面で使われています。真っ先に思い浮かぶのが、蛍光マーカーでしょうか。ピンクとグリーン

が鮮やかな蛍光ペンの成分は、ローダミンWTやフルオレセインです。ローダミンは赤色蛍光を示すものが多く、ローダミンBなどはプラスチックの染色などにも使われています。暗記用の赤いプラスチックシートを学生時代に使ったことのある人は少なくないと思いますが、あの赤い色素も蛍光色素です。しかし含有量や他の添加物の追加で蛍光性を示しにくくしてあるため、わかりにくくなっているのです。赤色のシートなので補色の緑の光を吸収することで、緑のマーカーで引いた部分を真っ黒にして暗記の手伝いをしてくれるわけです。

　ローダミンWTとフルオレセインはその派手な色に似合わぬ無害性から、井戸水などの流動調査や、水道配管の漏水調査などにも使われています。またアメリカのシカゴ川は毎年聖パトリックの祝日にフルオレセインで緑色に染められます。またイベントやコンサートなどで見られるケミカルキャンドルの色づけにも使われています。

　また、紫外線だけでなく、熱や衝撃で分子が励起するものも少なくありません。身近なものでは、氷砂糖があります。氷砂糖をペンチで挟んで勢いよくつぶすと、一瞬ですがピカっと光ります。極めて弱い光なので闇に目を慣らしていないとまず視認できないのですが、これも蛍光の一種で、圧電素子のように帯電し、そのエネルギーが分子を励起し、蛍光を発します。これは破壊発光 (Triboluminescence) といって、セロテープやガムテームの接着面同士を貼り合わせたものを勢いよく剥がす際にも視認しやすい光を見ることができます。

　こうした破壊発光は真空中ではさらに波長の短いX線が出ていることも知られており、ネットではそうしたもので小さなレントゲン撮影実験をする人の動画を見ることができます。

実験 Experiment No.09

「におい」を科学する 香料・消臭剤実験

難易度 ★☆☆☆☆

対応する指導要領　生物／動物の反応と行動

中学校理科／酸、アルカリとイオン

実験のテーマ　市販の商品に含まれる香料を使った実験、消臭剤の自作を通して匂い／臭いをコントロールする化学の力を体感し、人間の五感の1つである嗅覚のメカニズムも学ぶ

Flavor and deodrants

本能にダイレクトに届く唯一の情報
「におい」

　我々の生活は様々な化学製品によって支えられています。そうした化学製品の中には視覚や聴覚、触覚、味覚など我々の感覚器官に働きかけるものもたくさんあります。もちろん中には嗅覚に働くものもあり、「香料」と呼ばれています。また嫌な臭いを消す働きのある消臭剤なんてものも売られています。合成されたエステルやアルデヒドの絶妙な配合によって本物を模して作られた食品用の香料、寝室からトイレに至るまで、生活圏の香りを消したり、別のものに変えてしまう消臭芳香剤など、目（鼻）にしない日がないくらいに広く使われています。

　通常、味覚、触覚、聴覚、視覚といった情報は、脳の人間特有の発達した大脳新皮質に情報が伝えられ、その解釈が行われるのですが、嗅覚というのは五感の中で唯一、大脳辺縁系に直接情報が入る経路として知られています。これは、古くは我々が霊長類になる前の遠い祖先の時代から、生きることに欠かせない情報、例えば繁殖相手が繁殖可能であるかどうか、仲間が病気であるかどうか、食べ物が食べられるかどうか、水辺が近いかどうかといった大切な情報を嗅覚に頼って得ていたからです。

　実際に、人間以外の動物を観察すると、思いのほか視覚や聴覚以上に、嗅覚を駆使して世界を見ていることがわかります。多くの動物がフェロモンという香りのシグナルをホルモンのように利用しているのも既知のとおりです。

　逆に言えば、むしろ人間だけが、大脳新皮質の発達により、嗅覚以外から入る情報が膨大になりすぎて、嗅覚に関しては鈍感になっている特殊な動物であるとも言えます。

　しかし「嗅覚」は機能を失っているわけではなく、人間の意欲や情動、さらには食べ物の好き嫌いといったものにまで、「におい」が実に深く関わっていることがわかってきています。

　今回はこの嗅覚についてのメカニズムと、それを取り巻く「香料」について、自分の体とドラッグストアやスーパーで簡単に手に入る香料を使った実験を合わせつつ、日常を化学の目で見ていきましょう。

→ Flavor and deodrants

01 ついにあの香りを再現!? 自作コーラ水

基本実験

☑ 用意するもの

パクチー：生でも、チューブ状で売られているもの、どちらでも良い

ライム：丸ごとのライム、ないしライム精油があるとより便利

実験手順

1. 少量の水に、パクチーを手などで潰し入れてパクチーの香りのする水を作る。子どもは特にパクチーの香りを嫌がることが多いので、ここで「くさい」と鼻をつまむはず

2. そこにライム精油を1滴垂らし、よく混ぜると驚きの変化が起こり、誰もが知っている「コーラの香り」になる

101

＊臭いと良い匂いは紙一重

　香りというものは、様々な組み合わせや濃度によってダイナミックに変化します。例えば、キンモクセイの香りの成分の1つは、人間や動物の糞の臭い、つまりうんこ臭のベースともされている、その名もズバリの「スカトール」。キンモクセイの花をよく観察すると、蝶や蛾、ハチなどに混ざって、異様な数のハエが来ていることからもわかります。このように、香りの科学は非常に奥が深いものです。本実験は、その香りの組み合わせのダイナミックさを体感する実験です。

　ここで使ったパクチー（コリアンダー）は一年草のセリ科の植物で、湿った土地を好む植物です。最近、エスニック料理のブームに合わせて、独特な香りを生かした料理がウケたのもあり、スーパーなどでも比較的容易に買うことができるようになりました。しかし、人によっては、カメムシの臭いを彷彿とさせる（実際に、一部のアルデヒドはカメムシと共通するものもある）などといったことから忌避する人も多いです。

　このパクチーの独特な香りは実は、世界で最も有名なソフトドリンクである「コーラ」の香りの主成分であることはあまり知られていません。パクチーの鼻の奥に広がるむわっとした香りをベースに、ライム等の柑橘類の香りがトップノートとして加わると驚きのコーラの香りになります。本来のコーラはそれ以外にも、ラベンダーやネロリといった香りの成分が加わっていますが、パクチーとライムだけでも、かなり「コーラっぽい」香りは再現できます。

　実験方法は簡単で、パクチーを少量の水に手などで潰し入れてパクチーの香りのする水を作り、ライム精油を1滴垂らしよく混ぜるだけ。すると、驚きの変化が起こり、誰もが知っている「コーラの香り」になるのです。当然、味も何もないので、飲んでもコーラの味にはほど遠いですが、香りだけ嗅ぐと、お店のコーラの香りにも負けないフレッシュさのあるコーラの香りになっていて、驚くことでしょう。

基本実験
02 レモンティーをマスカットティーに変身

市販のレモンティー（ペットボトル）
マスカット、オレンジ等の香料
青色、赤色などの食用色素

※近年はネット通販でほとんどの香料や色素を手に入れることができる。また、かっぱ橋（東京）、道具屋横町（大阪）などで購入可能。青や緑、赤といった簡単な着色料（食紅）やオレンジやレモンの香料は大型スーパーマーケットでも取り扱っている

1　レモンティーにマスカット（あるいはオレンジ）の香料を加える。そこに青色の食用色素（オレンジなら赤色）で着色すると、よりそれらしくなる

解説

＊香料で味が変わってしまう理由

　様々な香りを合成するという体裁で、エステルの合成法が紹介されている科学実験書はありますが、どうしても合成的な、ややもすれば薬品臭というカテゴリーから脱することはできません。市販されている芳香剤はこうした化合物

解説

を何十何百と使い分け、なおかつ長期的保存に耐えるように溶剤や劣化防止剤を配合し、使われる温度に合わせた蒸気圧の近いもので香りを作り上げる技術はまさに職人芸とも言えるものです。

　こうした完成度の高い市販の香料の性質を体感できるのが、レモンティーをマスカットドリンクに変えてしまう実験です。レモンティーに含まれる芳香成分は、当たり前ですがレモンの香りです。レモンの香りは、リモネンなどの極めて少ない成分で構成されています。このレモンの香り成分というのは、マスカットやオレンジといったほかの果物の香り成分にも大なり小なり含まれており、そこにマスカットらしさやオレンジらしさを感じる香料を配合することで、レモンの香り自体を上から覆い隠してしまうことが可能なわけです。

　加えて、食用色素でマスカットなら青色、オレンジなら赤色を足すと、もともとのレモンティーが黄色のため、緑やオレンジ色に変わる……といった色の変化と相まって、ほんの1滴でまったく別のドリンクに変わってしまう、香料の絶妙さを説明するにはうってつけの実験になります。

　奥深い香りの実験がこれだけでは少々寂しいので、次は消臭剤を作ってみましょう。

基本実験 03 自作消臭剤でも臭いは消えるか

✅ 用意するもの

αシクロデキストリン 1〜2g：ネットショップなどで検索すると1000円/100g程度で購入できる
キサンタンガム 10mg：増粘多糖類であれば何でも良いが、キサンタンガムが入手しやすく溶けやすい
水 100ml：水道水でもいいが、精製水のほうが良い
アンモニア水：薬局方の薄いもので十分
ビーカー、ペットボトル

104

注意事項 アンモニア水は保護ゴーグルを着用した上で扱い、手についた場合は良く洗浄し、目に入った場合は多量の水で洗い、医師の診断を受けること

実験手順

1 50℃以上に沸かした精製水に、αシクロデキストリンとキサンタンガムを溶かし、冷やす

2 ペットボトルの片方はただの精製水、もう片方は①の消臭剤を入れ、アンモニア水を滴下して、それぞれの臭いを確認する

105

 解説

＊市販の消臭剤は何でできているか

　消臭剤は両性界面活性剤を使ったものと、αシクロデキストリンを使ったものに大別できます。αシクロデキストリンとは、その名のとおり環状構造の多糖で、人間にとって消化困難な食物繊維です。ネットなどでサプリメントの材料として比較的容易に調達が可能です。また毒性も極めて低いので、動物などにも影響を及ぼしにくいと言えます。

　このαシクロデキストリンは、その環状構造の中にアミン類や有機溶剤などの低分子を閉じ込める性質があり、それを応用したものが市販されている消臭剤です。さらにキサンタンガムのような転着剤を入れておくことで、分子を捕まえたあと、より逃しにくくなるようで、市販の消臭剤にもそれなりに含まれています。消臭剤を振ると泡だらけになるのは、そうした成分が入っているからだと言えます。

 教育のポイント

＊嗅覚の仕組み

　生理学的な嗅覚のメカニズムは、味覚と非常に似ています。味覚は味蕾と呼ばれる神経の末梢に、それぞれの味に対応した分子構造がはまり込んで電気刺激に変換することで、「味」を分類し感じ取っています。さらにミクロにその先端を見ると、「Gタンパク質共役型受容体」と言って、長いタンパク質分子が細胞膜を波縫いするかのように出入りした構造があり、カルシウムや塩素イオンチャンネルなどと連携して、受信した信号を電気信号に変えて脳に送ります。Gタンパク質共役型受容体というのは人体の受容体として使われるタンパク質で最も多いもので、紐状のポリペプチド鎖が細胞膜を編み込むように各部が細胞外に出ており、外からの特定の物質に対して反応するトリガーとなっているのです。

嗅神経でも同じGタンパク質共役型受容体で7回細胞膜を波縫いするかのように入り込んでいる構造があり、非常によく似ています。臭気成分は気体ですが、それを粘膜に溶かし込み、受容体に入るのは味覚と概ね同じです。ただし味細胞で得られた信号は大脳新皮質を経由するのに対して、嗅細胞からの刺激は本能などを司る古い皮質と言われる大脳辺縁系に入る点が異なるわけです。

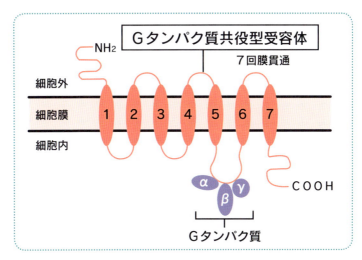

　故に、味覚でのトラウマ（苦い、まずい、腐っていた）といった経験からの「食わず嫌い」は、新鮮なものを使ったり、おいしく調理されたものを食べれば、記憶や思考を司る大脳新皮質を経由することで「大丈夫」と克服しやすいのに対して、嫌いな食べ物が匂いとセットになっていると、匂いは本能的な部分で嫌悪をもたらすので克服しにくいという傾向も納得できるものがあります。

＊他の動物との比較

　ヒトは嗅覚が非常に鈍感になっていると言われていますが、嗅覚が鋭いことで知られている、イヌやネズミと比べると嗅覚受容体遺伝子の数は概ね千個程度と同じくらいです。ただしヒトの場合は発現していないものが非常に多く、実際は1／3程度とされています。しかし、それで

も昆虫や魚（多くが数十程度）に比べると非常に多く、ヒトは鋭敏でこそないものの、雑食性であるが故に非常に幅広い匂いに対しての受容体を持っていると考えられます。

こうした嗅覚についてわかったのは比較的近年で、この嗅覚受容体遺伝子は 1991 年、コロンビア大学のリチャード・アクセル、リンダ・バック両博士らによって、ラット嗅上皮から初めてクローニングされたことから、本格的にその受容体の働きが詳しく調べられていきました。

嗅覚受容体は、1つの物質につき単一の電気信号を送っているわけではなく、微細な分子構造の違いを細かく見分けることができることが知られており、極めて繊細なメカニズムで臭気成分を嗅ぎ分けていることがわかってきています。

またヒトにも性フェロモンがあるのではないかという説もあり、一部の研究によると、排卵前に女性の膣分泌液にはイソ吉草酸、プロピル酢酸、イソプロピル酢酸、酢酸ブチルの分泌量が増えるらしく、また女性ホルモンの分解物やらの組み合わせなどから男性を悩殺する香りを生み出していて、こうした要素も人間の恋愛とは無縁ではないであろうと言われています。

また、女性は近親者の男性の臭いに対して嫌悪感を表すともされており、思春期を迎えた女の子が、父親の臭いを異様に嫌がったり、洗濯物を一緒にしないでくれなどという、悲しいお父さんエピソードも笑い話としてよくありますが、これらは原始時代において近親交配を避けるため獲得した本能なのかもしれません（＊）。

＊使用する上で留意したい点

芳香剤や消臭剤、そして食品の香料。一口に「におい」と言っても、使用条件に応じて使われる薬品の種類が変わります。例えばラベンダーの香り1つを例にとっても、車用芳香剤、トイレ用芳香剤、アロマテラピー用、そして食用といった用途に応じて、蒸発しやすさ（蒸気圧）や耐熱性、耐候性を実現するために使われている成分は異なっています。

これらの成分は使用者の空間の香りを彩るわけですが、特に最近話題になっているものに、ペットとの相性というものがあります。特にアロ

マテラピーに使われる精油は人間にとって無害でも、ペットにどのような害があるかはわかりません。犬猫といったペットに加え、熱帯魚なども含めると、芳香剤や消臭剤は決して無害とは言い切れない点は押さえておきましょう。例えば、一部の芳香剤や消臭剤は、主成分の界面活性剤により、エビなどの水槽で暮らす生き物や、カブトムシなどの昆虫には毒となる場合があります。

またペットがアロマテラピーの油を直になめて中毒を起こした例もあります。人間は肝臓が極めて発達した雑食性の生き物故に、解毒能力が高いのですが、それは犬猫には当てはまらないため、慢性的な使用がどのような害をもたらすかはまだよくわかっていないものが大半なので、人間以外の生き物がいる場合はそれなりに注意をするべきでしょう。

＊海外で芳香剤をあまり見ないわけ

日本で暮らしていると、芳香剤や消臭剤は当たり前のように売られていますが、ひとたび海外に出ると、思いのほか販売されていないことに驚きます。それは日本人の体質と関係しているかもしれません。

日本では体臭の強い体質は、「わきが」と呼ばれています。臭いの強い汗をかくアポクリン腺が脇や陰部に多くある体質の人がそう言われ、外科的にその部位の皮膚を除去するなどの手術まで行われています。

このように日本では半ば病気扱いまで受ける「わきが」ですが、実は白人や黒人ではほぼ100％の人が当てはまります。たまたま黄色人種に少ない特徴であるというだけです。実際に海外から来た外国人と対面した時に「体臭が強い」と日本人が感じるのは当たり前なわけです。白人文化圏ではお香や香水と体臭を合わせることで、独自のフレグランスとする文化がありますが、日本でそうした文化が育たなかったのは体質的な違いが関係しているのでしょう。その結果、日本では何にでも消臭剤を振りかけるようになってしまったのは、いかがなものかと筆者などは思うわけですが……。

参考文献 /
＊ G.E. Weisfeld et al., J. Exp. Child Psychol., 85, 279(2003)

実験 No.10
Experiment

化学の結晶
シャンプーを自作する

難易度 ★★☆☆☆

対応する指導要領

中学校理科／酸、アルカリとイオン

中学校理科／原子のなりたちとイオン

化学／溶液と平衡

実験のテーマ

大抵の人が毎日使っていながら、実はどんな働きをしているのかあまり知られていないシャンプー。分子の世界では一体何が起こっているのか解明する

Handmaid Shampoo 111

ただの洗浄剤と侮るなかれ！
シャンプーとコンディショナーの働き

　誰もが毎日使っている、身近な日用品であるシャンプーとコンディショナーですが、一体何でできているのか、またどんな作用で汚れが落ちるのかなど、あまり考えたことはないという方が多いのではないでしょうか。

　医薬品であれば、薬局など薬剤師に質問をすることができます。彼らは医薬品のエキスパートであり、薬に関しては適切なアドバイスを与えることができます。しかし、それがシャンプーなどの家庭用品となってくると、その成分もよくわからず、その違いがわかる人は少ないでしょう。もちろん、シャンプーを選び間違えたからといって病気になったりすることはまずないのですが、かといって日々進化しているシャンプーを「頭を洗うもの」程度の認識で終えてしまうのはもったいないと言えます。その内容物は日々研究され、多くの化学物質の組み合わせにより、髪質を変えたり、汚れが付着しづらい髪にしたりと、様々な機能性を持つに至っています。そうした何気なく見過ごしがちな化学の結晶――。その1つがシャンプーなのは疑いようがありません。

　シャンプーの自作を通して、シャンプーがどのような働きをしているのか、分子レベルで見てみましょう。

01 混ぜるだけで完成。ほぼ本物シャンプー

☑ 用意するもの

ラウリル硫酸ナトリウム：3～5g。試薬として購入可能
食塩：できれば塩化ナトリウムが良いが、食卓塩でも可
水酸化ナトリウム：微量
植物油：オリーブ油やひまわり油など
クエン酸：有機酸であれば何でも良い

Handmaid Shampoo

トイレ用芳香スプレー
シリコーンオイル
検証用の毛髪：美容室などで切った髪の毛を少量もらっておく

シャンプーの主原料、
ラウリル硫酸ナトリウム

注意事項 市販のものに比べて脱脂力が強く、かぶれるおそれがあるため、普通のシャンプーとしては使用しないこと

1 全体量の3～5％程度になるように、ラウリル硫酸ナトリウムの水溶液を作る。この段階ではよく泡立つ水っぽいものでしかない

実 験 手 順

2 トイレの芳香剤1プッシュを入れて香りづけをし、食塩を投入する。粘度を増してシャンプーの質感になってくる。さらにシリコーンオイル、植物油を入れて混ぜると、乳化して白濁してくる

3 可能であれば超音波洗浄機などで完全に混ぜ、クエン酸などの有機酸を加える

4 用意した毛髪でシャンプーの洗浄効果を検証する

＊簡単に本物に近いシャンプーが出来上がる

　シャンプーといっても今はメインでは使われていないラウリル硫酸ナトリウムのものですが、触って体感できるシャンプー然としたものが出来上がるので、どういったものでシャンプーが構成されているのかを説明するには丁度良い実験と言えます。

　調合は至って簡単で、途中、食塩が入るとラウリル硫酸ナトリウム水溶液は急激に粘度を増し、シャンプー独特のあの質感になります。さらにシリコーンオイルや植物油を入れて混ぜていくと、乳化・白濁してシャンプーらしさが増していきます。可能であれば超音波洗浄器などを使って完全に混ぜると、なかなか分離しないシャンプーらしいものが出来上がります。そこにクエン酸などの有機酸を少し入れると、さらに、水で流した時のキレが変わってきます。

　自作のシャンプーで自分の毛髪を洗わないほうが良いので、美容室などでもらってきた毛髪の束などを洗浄し、実体顕微鏡などで観察してみると、汚れがどのように落ちるか、どのような手触りになるかなどを、より実感することができます。

　実際にＵＳＢ拡大鏡を使って洗浄状態の確認をしたところの写真が、以下になります。

洗浄前

洗浄後

　こうして見てみると、肉眼ではわからない汚れがしっかり落ちていることが確認できました。

 教育のポイント

＊シャンプー・コンディショナーの構成物を知る

　シャンプーやコンディショナーの正体は一体何なのでしょうか。まず、これら２つは界面活性剤の混合物と言えます。界面活性剤とは、疎水基と親水基の両端を持つ化合物の総称であり、極性物質と非極性物質を混合する（乳化）ものです。化学の世界では分離・抽出の邪魔になることがあるため、あまり良い印象を持っていない人も多いこの「乳化」という特性ですが、界面活性剤は乳化のほかにも、静電気を防止したり、繊維の柔軟剤、防錆、媒質の均一分散などで工業的に活用されています。家庭においては、自転車の錆び止めから消臭剤、セッケン、洗濯洗剤に柔軟剤、そしてもちろんシャンプーなどその特性を活かした様々な使われ方をしています。

＊4種の界面活性剤

　界面活性剤は大きく分けると４種類あり、それぞれ利用用途が異なります。

・アニオン界面活性剤（陰イオン性界面活性剤）

　最も有名な石油系界面活性剤と言われるのが、ラウリル硫酸ナトリウムです。現在はポリオキシエチレン鎖を導入し、疎水基を延長して分子量を大きくし、皮膚へ浸透しにくくしたラウレス硫酸ナトリウムがシャンプーには多く使われています。

　大半がナトリウムやカリウムなどの塩の形で製造されており、それらのイオンを放出することで疎水基が負に帯電し、本体が陰イオン性を示すことから、「アニオン界面活性剤」や「陰イオン性界面活性剤」と呼ばれています。

　油脂の脂肪酸を原料に強塩基で分解ケン化して作られたものが、おなじみのセッケンです。セッケンは硬水や低温では洗浄力が落ちるほか、セッケンカス（硬水中のマグネシウムやカルシウムイオンと結合し、水

に不溶で洗浄力のないセッケンとなる）ができることなどが問題で、それを解決するために、石油系界面活性剤と言われる、高級アルコールを硫酸化して得られるアルキル硫酸エステル塩、直鎖アルキルベンゼンスルホン酸塩などが生み出されて使われています。また最近はアシルーN－メチルタウリン塩などのアミノ酸型活性剤なども生み出されています。

$$CH_3 \; CH_2 \; CH_2 \; CH_2 \; CH_2 \; CH_2 \\ CH_2 \; CH_2 \; CH_2 \; CH_2 \; CH_2 \; CH_2$$

ラウリル硫酸ナトリウムの構造式

ラウレス硫酸ナトリウムの構造式

・カチオン界面活性剤（陽イオン性界面活性剤）

逆性セッケンや殺菌セッケンとしての使用で知られている界面活性剤です。アニオン界面活性剤とは逆で、プロトンを放出し、疎水基のついている部分がプラスに電離する界面活性剤で、セッケンの逆の性であることから「逆性セッケン」と呼ばれる一群です。実験室ではおなじみのオスバンなどであると言えばわかる人も多いでしょう。

消毒洗剤として以外も幅広い用途に使われており、コンディショナーの大半はこのカチオン界面活性剤で構成されています。アニオン界面活性剤によって電気的偏りができたものを中和し、取り過ぎた油分を乗せるというのがコンディショナーの役割なわけです。

塩化ベンザルコニウムの構造式

・両性界面活性剤

　最近流行りの高級シャンプーには必ず含まれている成分です。溶ける水が酸性であろうが塩基性であろうが界面活性剤の性質を示す日和見界面活性成分がこの両性界面活性剤です。低級カルボン酸塩やアミノ酸型、ベタイン型のものが有名です。少し高級なシャンプーに近年、目立って使われるようになってきており、洗浄力は低いのですが低刺激である点が評価されています。

$$R-\overset{\overset{\displaystyle O}{\|}}{C}-\overset{\overset{\displaystyle H}{|}}{N}-(CH_2)_3-\overset{\overset{\displaystyle CH_3}{|}}{\underset{\underset{\displaystyle CH_3}{|}}{N^+}}-CH_2COO^-$$

コカミドプロピルベタインの構造式

・ノニオン界面活性剤（非イオン性界面活性剤）

　ポリソルベートとも呼ばれるソルビタン脂肪酸エステルは、日常的に何らかの形でほとんどの人が口にしている界面活性剤とも言えます。水に溶けたあとも特にイオン化せずに親水基と疎水基を持っている分子のことで、硬水中の金属イオンやｐＨに影響を受けにくいというもので、界面活性剤の中では最も新しい分野と言われています。

　グリセリンやソルビトールやグルコースなどと脂肪酸がエステル結合したものは食品にも使われており、植物性生クリームなどの乳化剤などから化粧品、手荒れを起こさない洗剤などに配合されていたりします。しかしながら、それぞれの分子に最適な温度があり、それ以外では乳化作用が著しく低くなることや、気泡力がほとんどないために使いどころも限られています。

ソルビタン脂肪酸エステルの構造式

＊髪の毛の構造

　シャンプーで髪を洗って、コンディショナー（リンス）をつけるという当たり前の行為の中で、先ほど説明した界面活性剤はどんな働きをしているのでしょうか。なぜセッケンで頭をワシワシ洗って流すだけではいけないのでしょうか？

　まず、髪の毛の構造を簡単におさらいしておきましょう。ざっくりと分けてしまうと、髪の毛はキューティクル、コルテックス、メデュラの３層で構成されています。キューティクルというのは、髪という組織を被う樹皮のようなもので、鱗状で人種や動物の種類ごとにまったく違う形をしています。

髪の毛の断面図

→ キューティクル
→ コルテックス
→ メデュラ

　コルテックスは髪の毛の本体であり、葉巻状の死んだ細胞組織が繊維状のケラチン組織で固定されています。このような構造なので、髪の毛は縦には裂けやすく横には切れにくいわけです。

　そして髪の毛の色も大半はこのコルテックスに含まれるメラニンの量によります。ヘアダイなどでは、わざと強い塩基性の薬剤でキューティクルを開き、コルテックス内へと薬剤を染みこませ、２剤目で化学反応を起こし、色を定着させるように働きかけています。

　一番中心にある髪の毛の軸のようなメデュラは、空気を含んだスポンジ層で、その細さは人種や人によってかなり違います。メデュラが太い人は髪の毛内の空気量が多いので、軽くふんわりしており、コルテックスが少ないので染まりやすく逆に痛みやすいわけです。反対にほとんどメデュラのない人もおり、髪の毛は重く、ヘアカラーが効きにくく、丈夫な毛であるということになります。

　ちなみに空気を含んだ髪は保温効果が高いことから、毛の保温機能を司っているとされています。

＊化学的に見るシャンプーとコンディショナーの働き

　さて、この髪の毛の構造を踏まえた上で、シャンプーとコンディショナーの働きを見ていきましょう。

　シャンプーの目的は、分泌された皮脂をほどほどに取り除き（加齢臭などの体臭の原因にもなるため）、油に絡みついた塵のようなゴミを界面活性剤が包み込んでミセル化し、水で洗い流しやすくすることです。

　具体的には、アニオン界面活性剤で洗浄し、負に帯電すると鱗状のキューティクルは静電気的に反発しあって、松かさのように開いた状態になります。特にセッケンなどで洗うと髪がガシガシになるのは、キューティクルが開いたままになってしまうからです。

　そこで髪を構成するケラチンのペプチド結合の至適ｐＨが4～5であるので、その値に戻すべく、コンディショナーを使ってその中に含まれるプロトンを放出する酸で中和することで、電気的に安定を取り戻し、キューティクルが閉じて髪の毛がもとの手触りに戻る……という仕組みです。さらに取り過ぎた油分を補うために、シリコーンオイルや植物油などが混合されています。

　セッケン洗いだけで放置をすると、キューティクルが開いたままになるだけでなく、開いたキューティクルの間に水道水中のミネラルと結合したセッケン成分（セッケンカス）が沈着したりすることで、汚れを引き寄せやすくなり、さらにはセッケンで汚れが落ちにくくなり……という悪循環になることから、毛が痛みやすくなるというわけです。故に頭髪を洗うにはシャンプーとコンディショナーを両方使うのが無難であると言えます。

＊界面活性剤と刺激性

　シャンプーというのは、需要がないのか一般人向けのまともな化学書が極めて少なく、きちんとした情報が広まらないがために都市伝説も多く出回っています。特にネットや婦人誌などでまことしやかに語られる「経皮毒」などという言葉がマルチ商法などに使われており、看過でき

ない状態です。確かに界面活性剤の多くには皮膚刺激性がありますが、都市伝説のように発がん性があったり、血中に入り込んで臓器に沈着するといった成分は当然存在しません。界面活性剤が皮膚に付着しっぱなしであると、ゆっくりと浸透し、びらんなどを起こすということや、そうした刺激性の動物実験のデータが一人歩きした結果のようです。

　しかし、こうしたデータの出る実験というのは、界面活性剤をほとんど希釈なしで皮膚に塗布されたもので、実際に人間が使う場合は、濃度数%のシャンプーをさらに水で薄めた状態で使うので、そうした実験と実際での使用を比べること自体がナンセンスです。

　とはいうものの、一部の界面活性剤は脱脂力が高すぎるのは事実です。必要以上に肌から油分を奪いすぎて、結果的に肌荒れを起こしやすい状態を作ってしまうこともあります。食器用洗剤で毎日食器を手洗いしていると手がガサガサになるのと同じ理由です。

　当然、市販されているシャンプーを普通に使い、良く洗い流している限り、そうした炎症を起こすような成分は極力抑えられた配合で作られています。ですが、価格の安いものの中には限界に近いものも多く、髪や頭皮に合うかどうかは、自分の年齢や肌質に合わせていろいろ試してみるのが良いと言えます。

　特に30代を過ぎると皮脂の分泌が減ってくるので、肉体労働でもして毎日汗みずくになっているなどの状況でない限り、アミノ酸系の界面活性剤を含んだものが、刺激性が少なく頭皮や髪の毛に良いことが多いようです。成分名にタウリンやグルタミン酸などの名前が含まれているので判別は簡単です。

＊地肌トラブルを避けるには

　刺激性についてさらに詳しく解説すると、界面活性剤は油分と結合した状態では刺激性が低いのですが、割合的に単体の状態に近いほど刺激性が高くなります。界面活性剤の濃度が高いほど炎症を起こしやすく、洗い流しが不十分だと炎症を起こしてしまいます。

　こうしたミセル化せず水溶液中をうろついている界面活性剤の刺激性

に考慮したのが、両性界面活性剤を使ったものです。両性界面活性剤に多いアミノ酸系界面活性剤は、皮膚刺激性が高い陰イオン側の状態の分子同士が程よく絡み合ってアニオン活性刺激を抑えると言われており、洗浄力が陰イオン性界面活性剤に比べて劣るものの、皮膚の弱い人や洗浄回数を増やしても炎症を起こす頻度はかなり低いです。

　コンディショナーを選ぶ際は、こうした界面活性剤の種類に対してペアになっているものを選ぶようにするとトラブルが少なくなります。特に陰イオン性界面活性剤などのシャンプーの後に、陰イオン性界面活性剤をベースに使ったコンディショナーを使うと、毛皮質が開きっぱなしになってしまい、コンディショナーの働きがおかしくなることが考えられます。逆に両性界面活性剤であればコンディショナーはほぼ何でも良く、髪質に合わせて使い分けても基本的に問題は起こりにくいでしょう。

　いずれも低刺激とは言え、界面活性剤は皮膚に長時間付着して良いものではないので、すすぎすぎではないかと思うくらい、入念にすすぐことが肝心です。シャンプーやコンディショナーで起こる大半のトラブルはこれで解決することがかなりあります。

＊数倍のサラサラ髪になる！　コンディショナーの裏技

　こうしたシャンプーの機能性を分子レベルで考えると、髪の毛を簡単に改質する方法も考えられます。近年、美容師の間では、ハチミツや砂糖をコンディショナーに混ぜて使うという手法があり、糖を含んだ水がキューティクルからコルテックスに入り込み、糖類は保湿効果を極めて高めるために、普通ではありえないしっとりとした質感を足すことができるというものです。

　しかし、ハチミツは単糖類と様々なミネラルを含む反面、カルシウムやマグネシウムも多いので、セッケンカスのようなものが生じる恐れもあります。作用しているのはフルクトースやグルコース、マルトースといった糖類のようなので、フルクトースとグルコースを液体の状態で大量に含む異性化糖（ガムシロップ）が代用できないかと、多くの女性に協力してもらい試してもらいました。

方法は、コーヒー用ガムシロップを1つ、コンディショナーに混ぜて使ってもらうというものです。髪の長さに関わらず、ガムシロップ1個とコンディショナーを同量混ぜたものを髪に付着し、少し時間をおいてから、よく流してもらうようにしました。結果としては、ハチミツや砂糖以上の保水感のアップが感じられるとのことで、ドライヤーでの乾燥に時間がかかるものの、一度ガムシロップで保水コンディショナーを使うと4〜5日は通常のコンディショナーでも十分に潤いが持続し、髪の毛のまとまりが良いという結果を得られました。

　ただしメデュラが細い、もともと重い毛質の場合は、髪が重くなりすぎてまとまりすぎるという例もあり、万能とまでは言えませんが、概ね満足できると評判でした。

123

実験 Experiment No.11

美しい3層液体に学ぶ
溶媒・極性・比重

難易度 ★★★☆☆

対応する指導要領　中学校理科／物質の溶解

実験のテーマ

水と油はなぜ混ざらないのか。当たり前のことでありながら、その理由をきちんと説明するのは難しい。混ぜるだけの簡単な実験を糸口に、科学の基本を学ぶ

Three-layer liquid

水と油の違いが説明できますか？

とびっきり身近にありながら、いざ説明しようとなると難しいもの、それは水と油が混ざった「ドレッシング」です。ドレッシングといっても、クリーム状のものはどのように作られているのかや、味も十分興味深いものですが、ここではシンプルに水と油で構成されているドレッシングについてです。

ドレッシングとは、油と酢（あるいはレモン汁など）の溶けた水、つまりは油層と水層の２つをかき混ぜ、野菜などにかけるものです。

この水と油はどうして混ざったようでも完全には混ざらないのでしょうか？
そもそも油と水の違いとは？
何より、どうして油は水よりも軽いのか？

そうした単純極まりない質問にスマートに答えることもまた科学ではないでしょうか。

今回は、さらにそこから比重（密度）の話と、それらを駆使して、オイルタイマー（砂時計のように水滴が液中でしたたり落ちる化学玩具）を改造したり、ビー玉が浮く液体なども紹介して、科学好きを増やす実験の参考にしていただければ幸いです。

01 3色3層液体

基本実験

☑ 用意するもの

食用色素：スーパーなどでも売っている食用色素を使う。今回は青色１号

灯油：できるだけ新しい灯油だと無色で使いやすい。臭いが気になる場合は流動パラフィンを使う

ジクロロメタン：試薬でも汎用のほか、ホームセンターなどでアクリル接着剤として売られている

油性マジック：試薬で色をつける場合は後述

適当なフタつきの小瓶

至って普通の油性ペン

Three-layer liquid

>
> **注意事項** 換気の良い場所で行うこと。ジクロロメタンは目や皮膚につくと炎症を起こすことがあるため、目に入った場合はこすらず水で洗い流し、皮膚についた場合は中性洗剤とぬるま湯でよく洗う

1. 水は食用色素、有機溶剤には油性マジックでそれぞれ色をつける。油性マジックは分解し、写真のようにインクを溶剤の中に入れてしまう

2. ジクロロメタン、水、灯油の順に液体を瓶に入れていく。水を挟んだ上下の層は混ざりやすいので、ゆっくり注ぐ

＊3層に分かれる理由

　水より軽い有機溶剤（1以下）というと、サラダ油はもちろん、シクロヘキサン（0.779）やトルエン（0.867）などがあげられます。しかし、ジクロロメタン（1.326）やクロロホルム（1.489）など水よりも重い有機溶剤も存在します。つまりこれらの溶剤に色をつけて水を挟めば、簡単に3層の液体ができるわけです。

　一般的にドレッシングなどで2層の液体は見慣れている人が多いですが、3層以上となるとそうそう見かけることがないので、物珍しく感じるでしょう。しかし、それらが透明な層であると視認性に難アリなので、色をつけることで面白さが増します。

　実験自体は非常に簡単で、それぞれの液体に色をつけて重い順にゆっくりと注いでいくだけです。

　着色に使った油性マジックの染料は、有機溶剤に良く溶けるので、油性マジックを分解してインクを溶剤の中に入れてしまうとうまく色がつきます。この時にあえて水と溶剤を入れて攪拌することで、染料が酸化されて発色が良くなる商品もあります。

　水は食用色素でより簡単に色をつけることができます。水を挟んだ上と下の層は触れると混ざってしまうので、混ざらないように気をつけつつ、液体を瓶に入れていきます。

　また、砂糖や臭化セシウムなどの重い塩を大量に水に溶かせば、クロロホルムより比重を重くすることも可能です。ということは原理的にはジクロロメタンなどの下に再度水層を作り、4層の液体にすることも可能です。

うまくいけば、このように傾けても混ざらない液体ができる

128

02 プカプカ浮かぶビー玉!?

基本実験

  用意するもの

ビー玉、適当なフタつきの小瓶

テトラブロモエタン：試薬なので、学校等を通じて注文する。これ以外にも多くの実験に使えるので、買っておいても損はしない

注意事項　テトラブロモエタンは弱いながらも毒性があるので、扱う時は手袋を着用し、必ず換気しながら実験すること

  実験手順

1. 容器の中にテトラブロモエタン、水を入れ、ビー玉を入れる

2. 見やすいように、ブラックライトをあててみたところ（写真ではウランガラス製のビー玉を使用しているので、蛍光に発色している）

129

＊ガラスより重たい液体

　前ページに出てきたクロロホルムの比重は1.489でかなり重い液体ですが、さらに重い液体が存在します。それがテトラブロモエタンで、2.967という圧倒的な比重を持ちます。このずば抜けて高い密度は、大半のソーダガラスの2.5前後の密度をも上回るために、ビー玉などのガラスや庭石なども浮きます。昔はこの重さを利用して、金などの貴重な金属を砂の中から見つけ出す「比重選鉱法」に使われていたそうです。

　実際にビー玉をテトラブロモエタンと水の入った容器に入れると、テトラブロモエタンの上にビー玉がプカプカと浮かぶわけです。

発展実験
03 逆さオイルタイマー

☑ 用意するもの

オイルタイマー：ドリルで穴を開けてふさぐため、あまりに小さいものは加工が困難

溶剤の染料：スーダンレッド（1-{[4-(フェニルアゾ)フェニル]アゾ}-2-ナフタレノール）

水の染料：青色1号（ブリリアントブルー FCF）

テトラブロモエタン：02の実験と同様のもの

ジクロロメタン：アクリルの接着用

アラルダイト接着剤：補強接着に使用

細いアクリルの棒：2～3mmの細いアクリル棒があると良い

スポンジorシリンジ：ホームセンターに売られている農薬の計量用のポリエチレン製のものであれば溶剤負けしないのでオススメ。ゴムの注射器などは使わないこと

電動ドリル：アクリル棒よりも0.1mmほど細いものを使うと良い

オイルタイマー

注意事項 タイマーの液体は大抵が精製度の低い液体パラフィンと着色された水なので、新聞紙などに吸わせて燃えるゴミで廃棄する。また、テトラブロモエタンはプラスチック容器を溶かすので長期保存はできない

1 ドリルでオイルタイマーに穴を開ける

2 中の液体を捨て、スポイトやシリンジで着色した水とテトラブロモエタンを入れていく

131

3 アクリル棒を短く切って、ジクロロメタンをつけて穴に押し込んで封印する

4 色のついた液体が上に上がっていく逆さオイルタイマーの完成

5 応用として、テトラブロモエタンにスーダンレッド（または、赤色油性マーカー）で色をつけると、赤と青、2色の逆さオイルタイマーが出来上がる

＊コスパも良く、見た目の良い実験

　最近は100円均一ショップに水と油の性質をうまく使った砂時計の液体版、オイルタイマーが売られており、安価な実験にはもってこいの素材です。これを改造して、降りていくオイルタイマーではなく、昇るオイルタイマーを作ってみました。注意点としては、テトラブロモエタンはジクロロメタンほどではないものの、プラスチック容器（アクリルやスチレン）を溶かすため、オイルタイマーの容器のままでは長期保存はできません。

　また、テトラブロモエタンは少々有害ですが、水と一緒にすると水層がフタになるため、容器を移し替えれば、右の写真のようにアクセサリー的なものにすることも可能です。

＊「液体」を真に理解するために

　この実験は簡単ながら、液体の極性と比重、溶質溶媒の性質という、非常に多くの内容を含んでいます。また、見栄えの良さから、化学に興味を持たせるにももってこい……と言えます。

　まず、水と油は何が違うのでしょう。中高では「親水／疎水」という言葉を使いますが、水に対して溶けるか、弾くか程度の意味合いしか持たず、液体には「水と油」しかないというよくわからない理解で止まりがちです。そこで「液体」というものに「極性がある／極性がない」という話から始めましょう。

＊「極性がある」とは？

　液体と言っても、世の中にはいろいろなものがあります。水をはじめ、酒に含まれるエタノール、除光液に使われるアセトン、ペンキの溶剤に使われるトルエン……これらの液体には極性と呼ばれる、それぞれの特徴があります。

　水の分子は H_2O で、酸素と水素2つで出来上がっています。酸素は電気陰性度の高い元素です。電気陰性度は電子を引きつける力の大きさを表し、そこに水素が2つついている程度ということは、酸素の電気陰性度的にはマイナスに電荷が偏っていると言えます。

　こういった電気的に偏りのある液体を「極性溶媒」と呼びます（ここではあえてプロトン性極性溶媒／非プロトン性極性溶媒の差は割愛しています）。

　それに対して、ベンゼンやクロロホルム、ジクロロメタンといった溶媒は、プラスとマイナスが釣り合った分子構造をしているため、電荷的な偏りを持ちません（ないしは極めて小さい）。

　つまり、極性がないことから「非極性溶媒」と呼びます。

　この液体を構成する電荷的な偏りの有無が「水と油」の根本的な違いであると言えるのです。

＊溶ける／溶けないの本当の意味

　次に、それらの溶媒に溶ける or 溶けないとはどういうことなのでしょうか？

　水は多くのイオン結晶を溶かします。イオン結晶というのは、水に溶けた時にイオンになる固体のことで、多くの金属塩、身近なモノでは食塩（$NaCl$）などがあります。

　我々がごくごく当たり前、当然のことだと思っている、食塩（$NaCl$）が水に溶ける……とはどういうことなのでしょう？

　さっきも説明したように水分子は酸素側にマイナスに偏っていますが、同時に水素側にプラスの部分もあります。すると $NaCl$ は Na^+（ナトリウムイオン）と Cl^-（塩化物イオン）に分かれます。

この2つに分かれたイオンはそれぞれ水分子のプラスの部分とマイナスの部分が集まって取り囲んでしまいます。この状態が「イオン化している」状態と言え、また見かけ上「溶けている」状態と言えます。

　もちろん、分子がイオン化して溶けるものと、そのまま溶けるものがあり、食塩はイオン化して溶けていますが、砂糖（ショ糖）はそのままの分子が水分子に囲まれる形で溶けています。

　この溶ける／溶けないを見る時も、分子の電気的な偏りによって、非極性のものは非極性溶媒によく溶けて、極性を持つ物体は極性溶媒によく溶ける……わけです。

　当然、両方の性質を持つ分子もあり、そうしたものは、極性／非極性に両方に溶けますが、溶解しやすさが異なるため、溶ける量が異なったりします。

＊液体の比重

　最後に本実験の肝である液体の比重について紹介しましょう。

　比重というのは水（大気圧下の4℃の水）1.0 g/cm^3 に対してそれぞれの物質の1cm^3（立法センチメートル）あたりの重さ比較です。比重と密度は地球の重力下では同じ意味合いですが、比重は「水に浮く／沈む」の時に使う言葉で、水以外の比較にはあまり使いません。

　油が水に浮くのは、多くの植物油は0.9程度で水より軽いので、水の上に浮きます。しかしフッ素油（例：パーフルオロカーボン）は比重は1.7（25℃）となり、水に余裕で沈みます。

　本実験でも紹介したテトラブロモエタンは、2.9という圧倒的な重さを持っており、アルミニウム（2.7）、石英（2.6）より高いため、ビー玉や1円玉が浮くわけです（テトラブロモエタンとアルミニウムは日光下で危険な化学反応を起こすため、実際に浮かばせるのはあまりオススメしない）。

　逆に、それ以上重い金属、銅や銀は8や10といった重さなので浮かずに当然沈みます。故に、昔はレアメタルなどを含む重砂や金などを得るため、こうした重い液体を使って比重選鉱を行う工場などもあったようです（今はほとんど機械的なふるい分けで分けられています）。

実験 Experiment No.12

保存料の保存力を試す

難易度	★★★☆☆

対応する指導要領
科学と人間生活／物質の科学
化学基礎／化学と人間生活のかかわり

実験のテーマ

現代の食生活において多大なる恩恵をもたらしている保存料。何からできているものなのか、それは安全なのかといったところから、ADI、毒性の読み方まで解説する

Preservative

我々の食生活を陰で支える必需品！
食品防腐剤

「保存料」という言葉を聞いてあまり良い顔をする人はいません。これが「食品防腐剤」なんて名前になると、よりいっそう不気味な印象を持つ人もいるかと思います。食品選びの際に、食品ラベルに「防腐剤」なんてあった日には、入っていない別の商品を探してしまう神経質な人もいるかもしれません。

食べ物を腐らなく（傷みにくく）する薬。何だか得体の知れない薬品が闇雲に投入されていそうな気がして、そして何より反自然的な部分に不気味さを感じる気持ちもわかります。

しかし、そこで思考停止するのではなく冷静に考えてみれば、保存料もただの添加物です。添加物ということは何か利点があるから入れているわけです。そして何より、添加物にも原価があります。入れなくて良いなら、製造業者だってコストダウンのために入れたくありません。

では、なぜ保存料が必要なのでしょうか。家で作り置きしたとしても、次の日の夜まで冷蔵庫に入っている程度であれば、保存料なんて必要ありませんね。しかし、家庭の何倍も衛生的な工場（日本の食品工場の審査は極めて厳しい水準です）で作られたものであっても、消費者の手に届いたあと、食べ終えるまで車中に放置されたり、食べかけのまま半日放置されたりとぞんざいな扱いを受けることは想像に難くありません。ちょっと放置しただけだから、ちょっと炎天下に忘れただけだから、それなのに食中毒になった‼……といったクレームが来ては困ります。それを多少の添加物で防ぐことができ、安心安全に食べられることはまったく悪いことではありません。それ故に使われるのが保存料なわけです。

それでは、実際に保存料がどのぐらいパワーを発揮してくれるのか、実験してみましょう。

← Preservative

01 保存料はどこまで「保存」してくれるのか
基本実験

✓ 用意するもの

グリシン 2g：インターネットショップで「グリシン 1kg」などで検索すると、食品添加物用のグリシンを見つけることができる。サプリメントとしてのものは高額であるので1kgあたり2000円以下のものを探すこと

米 2合

炊飯器、インキュベーター、シャーレ×2

実験手順

1. サンプルAには1合につきグリシン1gを添加し、Bには何も添加せず同条件で炊飯する

2. 炊飯後、それぞれをシャーレに入れ、37℃で1週間保存する

3. 1週間経過後、比較してみる。グリシンを添加したAは若干発酵臭がするものの、見た目には特に変化がない。一方何も添加していないBは細菌や真菌が繁殖し、腐敗臭が発生していた

A（グリシン添加）

B（何も添加せず）

＊グリシンの持つパワー

　現在、ネットなどの通信販売を使うと、ソルビン酸Kやグリシンなどの添加物も普通に買うことができます。これらをうまく台所で使えば、廃棄食材を減らすこともでき、季節によっては思わぬ食中毒などを防ぐこともできます。家で作るものはできるだけ無添加でありたいという考えも当然正しいのですが、多くの調味料には保存料がすでに入っており、そうしたものから摂取する量も少なくないことからも、入れすぎない範囲でうまく使いこなして、食品の味や劣化防止に役立てることは十分にアリではないでしょうか。

　今回の実験に使用したグリシンは、最も単純なアミノ酸であり、砂糖に比べてはるかに薄く淡い甘味を持ちます。特に肉類の煮込み料理に、砂糖やみりん

解　説

　以外に甘味をつけるのに適しており、家庭料理の味を１ランク上げてくれます。
　この単純なアミノ酸は、面白いことに細菌類の芽胞の発育を阻害する作用を持ち、一旦滅菌された環境で細菌が増殖することを阻害するという働きを持つことが知られています（＊１）。ただ、静菌効果を期待するには全重量の0.5～１％近く入れなければいけないので、味の面ではおかしなことになりがちです（市販のお弁当などに含まれるソースが妙に甘かったりするのはこうした理由であることがあります）。
　逆にご飯を炊く時であれば、１合につき1g程度（２～３合の場合は小さじ１杯程度）を添加すると、ご飯に自然な甘味が付加される上、とても傷みにくくなります。特に梅雨時や夏場にうっかり冷蔵を忘れるということがあっても、悪くなりにくい（当然絶対大丈夫というわけではありませんが）、変な臭いになりにくいというダブルの利点が期待できます。

教育のポイント

＊保存料とは

　さて、保存料とは具体的にどういった化学物質なのでしょう？
　日本の食品添加物の分類では、下記の４つに大きく分けられます。しかし、食品の表示ラベルでは一括で「保存料」とされているために、何が使われているのかまではわかりませんが、以下のようなものが多く使われています。

１）有機酸とその塩類：酢酸、乳酸、安息香酸、ソルビン酸等
２）有機酸エステル類：パラオキシ安息香酸類
３）植物成分抽出物及び分解物：ポリリジン等
４）動物性タンパク質：白子タンパク抽出物など

１）有機酸とその塩類
　まず日本人になじみのある、代表的な防腐効果のある有機酸といえば、

141

酢酸と乳酸です。どちらも酢締めや、日本酒の醸造などで知られているとおりで、添加物としては、さらに2種類の有機酸がとりわけ重要となっています。

　1つは安息香酸。ベンゼンにカルボキシル基がついただけの簡単な構造で、にがしょっぱい酸で静菌作用が非常に高く、数々の実験で安全性が確認されています。人間の体内では大半が代謝を受けずそのまま、一部がグリシンやグルクロン酸で抱合を受けて尿中に排出されます。

　古くは1974年のWHOの発表（＊2）により、1日の許容摂取量（ADI）を0～5mg/kgと定めて以来、数々の査定実験、研究が行われてきましたが、数値に変更が加えられていません。つまり、その量を守って使う限り、安全であるということです。

　そして2つめはソルビン酸。こちらは天然の植物ナナカマドの果実が腐敗に強いことから見出された成分です。当然熟した実にも残っており、鳥はそれを食べても大丈夫です。カビや酵母類などの真菌から細菌である好気性菌まで広く静菌効果を持つため、幅広い食品群の保存性向上の目的で使用されています。

　ソルビン酸は細菌が乳酸などと間違えて栄養源として取り込むことでソルビン酸が代謝できずに中に溜まり続け、その結果正常な栄養摂取ができずに死んでしまうため、真菌や細菌にとって有効に働きます。

　人間はソルビン酸で有害作用が出る臓器がないため、基本的に無毒と考えるべき物質です。当然体内にも細菌はいますから、例えば腸内細菌は一部ソルビン酸を食べて具合が悪くなるでしょうが、腸内細菌の総量から考えると誤差の範囲と言えるので問題ないというわけです。

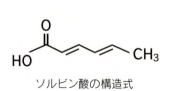

ソルビン酸の構造式

ナナカマドの木

いずれの酸も、ｐＨに影響を与えないように、カリウムやナトリウムの塩の状態で使われることが多いのですが、働きとしては変わりません。

当然、国際的にはほかの添加物同様、安全な摂取量の目安であるADIが決められ使われています。

2）有機酸エステル類

次は有機酸エステルです。パラオキシ安息香酸エステルがメインであり、パラヒドロキシベンゾネート（para-hydroxybenzonate）の略から「パラベン」という名前で知られています。

その正体は、パラオキシ安息香酸エステルであり、安息香酸の静菌・防腐効果を、水溶性だけでなく油物にも使えないかと試行錯誤され生み出されました（ただし一部のパラベンは水溶性）。

ただエステルになっている分、人間の体を構成する細胞はレシチンのような油脂でできているので、エステル類はこうした細胞のバリアを化学的にすり抜けることができてしまいます。そうなると多少なりとも細胞内に入って悪さをする可能性が上がります。

当然幾重にも試験は行われ、食品に添加できる量は極めて少なく見積もられています。それでも、度重なる検査によって影響が見られるということがわかると、安全リストから外され、それを受けた各国が、使用に制限や禁止処置を行っています。

1973年には、パラオキシ安息香酸プロピルは雄ラット生殖器へ悪影響を及ぼすことがわかり、パラオキシ安息香酸メチル、エチル、プロピルの3エステルは食品添加物から消えました。それを受けて、現在はパラオキシ安息香酸イソブチル、パラオキシ安息香酸イソプロピル、パラオキシ安息香酸ブチルなどが使われています。

いずれも大事なのは動物試験で危険性が見つかって、食品添加物ではなくなった点です。人間には当然被害は出ていないので、これを「危険だ」と言い過ぎるのもまたおかしな話だと思うべきなのです。

パラオキシ安息香酸イソブチル（パラベン）の構造式

3）植物成分抽出物及び分解物

　いくら人体にとって安全だと言われても、やはり安息香酸だのなんたらエステルだのなじみのないものが食品に入っているのは気分が悪い、という方向けでしょうか、保存料にも天然成分由来のものがあります。

　主に植物由来のもので、ヒノキなどの木には抗菌作用が知られており、昔から風呂はもちろん、衣類を保存するタンスなどにも使われてきました。その成分は研究され特定されていて、抽出されたり合成されたりして使われています。

　特にヒノキからツヤプリシン、エゴノキ科のアンソクコウノキの抽出液（安息香酸の類似物がたくさん含まれる）であるエゴノキ抽出液などが使われています。

　ただ植物由来だから安心というのはバカげた話（アレルギーなどの問題があるため）ですが、もともと良い香りのものが多いことから、素材を活かした抗菌・静菌剤として使われています。

4）タンパク質

　最後に動物性の保存料、白子タンパク抽出物やポリリジンなどがあります。ポリリジンは名前のとおり、必須アミノ酸で知られているリジンというアミノ酸が連なったもので、放線菌の一種に作らせ、それを抽出したものが使われています。

　白子タンパク抽出物というのは、白子に含まれる抗菌成分で、最近は特に練り物などに使われています。魚は水中内で直接卵に精子をかけて受精させる手前、水中の雑菌から卵を守るために精液中に抗菌成分が含

まれているというわけです。

ポリリジンの構造式

　このように、食材や料理、保存期間や食材に応じて、様々な保存料が
生み出され、そして評価されて現在に至るわけです。当然それを逆手に
とって粗悪な材料を保存料などで誤魔化して売る業者も存在します。し
かしそれは食中毒や健康を損なうということとは別次元の話です。そこ
をはき違えないようにしないといけないのが、添加物問題の一番大きな
ところではないでしょうか。

＊一日許容摂取量（ADI）の算出法

　ここで許容摂取量（ADI）についても説明しておきましょう。ADIと
いうのは食品添加物の1日に摂取して良い量というもので、それぞれの
毒性試験を行い、その毒性を示す量から無毒量を算出、さらにそれを
100分の1にした数値、それがADIとされています。故に、もし2～
3日の間にADIを越える量を摂取してしまったとしても、何ら問題なく
過ごせるように計算されているので安心して良いわけです。

　こうした添加物における安全性およびその信頼性は、国連の食糧農業
機関（FAO）及び世界保健機関（WHO）が、合同機関であるFAO／
WHO合同食品添加物専門家会議「JECFA」を設けて、添加物の安全性
評価を行っています。どこかの会社が私益のために、御用学者（笑）を
立てて詐称するなんてことは、膨大な費用と手間がかかり、とても現実
的には不可能な話なのです。

　近年売れている食品の不安を煽る「買ってはいけない」系の書籍では、
そもそも毒性を調べるための実験結果だけをあげつらい、発がん性があ
るだの、催奇形性があるだの吹聴するニセ科学本であり注意が必要です。

毒性を調べた実験があるからこそ安全に使えるのに、その極端な実験結果だけを引っ張ってきて、毒物であると言うのは科学ではありません。その理屈でいけば、塩も 200 ～ 300g で死に至ることがありますから、食品のほとんどが毒物になってしまいます。さらに、そうした本では、実験結果そのものが歪曲されており、企業が利益のために危険性を隠している……などとまくし立てる、ひどい本もあります。「一科学者」はもちろん、「一企業」が多少の金を積んで安全性を隠蔽することなど不可能なのは明白なのですから。

＊毒性の読み方

ADI に加えて、毒性を示す半数致死量（LD50）についても解説しておきましょう。

例えば、先ほど紹介したソルビン酸の毒性を示す、LD50 は 7.4 ～ 12.5g/kg と言われています。ニセ科学本では、この数値を紹介し「たった 10g で死に至る危険性の高い化合物」なんて紹介しています。確かに 10g で人が死ぬ薬物は毒と言えますが、この解釈では計算が間違っていて、「/kg」つまり体重 1 kg 当たりという部分をすっ飛ばしている上、「半数」致死量ですから、全員が全員、死ぬわけでもありません。

正しくは体重 50kg の人であれば、10.5 × 50 ＝ 525g を食べると、10 人中 5 人が死ぬであろう値、というわけです。525g……砂糖で換算するなら大さじ 58 杯分ぐらい、ということです。常識的に考えて、こんな量を食べることは添加物としてもあり得ない量です。当然体にも蓄積していく成分ではないので、まともに相手をするのもバカらしい話なわけです。

毒というのは「量」によって無毒にも有毒にもなります。薬が少なすぎると効かなくて、多すぎると副作用が出るのと同じ理屈です。理屈ではわかっていても「毒」という偏見を先に持ってしまうと、インチキにあっさり騙されてしまうわけです。注意しましょう。

参考文献 /
＊１谷 勇 , 相良知子 , 柴田洋文 , 日本細菌学雑誌 ,30（3）,495(1975).
＊２"WHO Food Addictives Series 5," WHO geneva(1974), p34

実験 Experiment No.13

音の力でものが浮く!?
超音波浮揚

難易度 ★★★★★

対応する指導要領 物理基礎／音と振動

実験のテーマ 目には見えない力で空気中にものを浮かせる!? 最新の半導体部品の製造などにも使われている、「音」でものを浮かせる実験

Ultrasonic levitation

大事なものを傷つけずに運ぶには…
空気の力で浮かせる!?

皆さんは傷をつけずにものを運びたい時、どんな工夫をしますか。やわらかい布で巻く、手袋をはめる、小さな空気の袋でできたビニールシートで巻くなどいろいろ考えられると思います。では、布で触っただけでも傷がついてしまうものを運ぶ時にはどうしますか。ちょっと考え込んでしまいますよね。

実はテレビもスマホもそんな繊細な部品からできているのです。水に浸しても大丈夫なものなら浮かべて運ぶということもしていますが、水に弱いものはこの方法は取れません。そこで登場したのが、空気で浮かせて、空気で運ぶという方法なのです。

以前からキヤノン製のカメラでは、超音波でレンズの位置を変えてピントを合わせる技術が実用化されていますが、最近では、半導体と言われる超精密部品を超音波で空中に浮かせて移動させる技術が開発されつつあります。もし、いろいろなものが超音波で浮かせて運べるようになったら、とても便利になるかもしれません。今回はそんな夢のある実験です。まだまだ重いものを浮かすことはできませんが、読者の皆さんが新しい技術を開発してくれることを期待しています。

01 宙に浮かぶ発泡スチロール球

☑ 用意するもの

超音波振動子：インターネット通販などで入手可能。今回の実験で使用したのは洗浄機用のもの（3500円程度）。インピーダンス35Ω以下、静電容量330pF、50W

ファンクションジェネレーター：40kHz以上が発振できるもの

オーディオアンプ：50W以上の出力が必要

発泡スチロールの球：直径1.5mm程度のもの。ユザワヤなどのネットショップから購入可能

反射板：金属製の板

● Ultrasonic levitation

ワニぐちクリップ×２本、オーディオコード×１セット、スピーカー用コード×１セット
鉄製スタンド、クランプ、自在ばさみ、さじ、滑り止めマット

ファンクションジェネレーター

オーディオアンプ

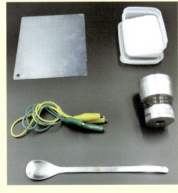

（上段）反射板、発泡スチロール
（中段）ワニぐちクリップ、超音波振動子
（下段）さじ

注意事項　超音波振動子は火傷をするぐらい熱くなるので、実験は１分以上続けないこと。再度行う場合は、装置が冷めてから行う。また、超音波振動子自体が静電気を帯び、感電することがある。実験が終わったら必ず端子をショートさせて、静電気を取り除くこと

149

> 実 験 手 順

1. 実験装置の全体図。この写真を参考にファンクションジェネレーター、アンプ、超音波振動子をつなぐ

2. ファンクションジェネレーターから40kHzの信号を発信し、オーディオアンプに入力し増幅する。その信号をスピーカー端子から超音波振動子に入力する

3. 超音波振動子の上方10cmぐらいのところに金属板を固定し、超音波の反射板とする

実験手順

4 ファンクションジェネレーターからおおよそ 40kHz の信号を出力する。波の形はサイン波

5 オーディオアンプの電源を入れ、ボリュームを最大にする

6 ファンクションジェネレーターの周波数を調整して、超音波振動子が一番振動しているところで周波数を固定する

7 さじで発泡スチロール球をすくい、超音波振動子と金属板の間の空間に振りかける

8 発泡スチロール球が浮揚すれば成功！
この時、振動子はとても熱くなっているので、絶対に触らないこと!!

＊超音波振動子の作りについて

　超音波振動子は金属板を向き合わせたコンデンサーであり、固有の電気容量を持っています。そのため、振動子に大きな電流を流すには、共振回路を作る必要があります。実験を考え始めた段階では、アンプと振動子の間に自作コイルを入れ、LCR回路を作っていましたが、自作のコイルを入れなくても、アンプ内のコイルで回路が作られるようで、特別な回路は不要でした。

超音波振動子

　また、超音波振動子とアンプとの接続には、はんだづけを使用しないほうがよいと思います。これは、40kHzの振動により、金属疲労が生じ切断されてしまうからです。

＊注意点

　実験をするにあたり、いくつか注意点があります。

　まず、超音波振動子は出力が50Wで高出力であることと、共振回路が作られるため、オーディオアンプに負担がかかります。また、超音波振動子に入力されたエネルギーの多くは発熱に使われるので、振動子は火傷をするくらい熱くなります。そのため、電源を入れて1分ほどしたら切り、装置が冷めるのを待ちましょう。

　超音波は超音波振動子の中にある金属板の振動で作られます。金属板は静電気の力で引き合ったり、押し合ったりして振動を作っています。そのため、金属板に静電気がつき、ビリッと感電することがあります。実験が終わったら必ず端子をショートさせて静電気を取り除くよう、注意してください。

 教育のポイント

＊超音波でものが浮く理由

　メガネを洗う超音波洗浄機をご存じでしょうか。金属の容器に液体が入っていて、その中にメガネを入れてスイッチを ON にすると、ジージーという音とともに、汚れが浮き出てくるというものです。液体の中を注意深く見てみると、発生した泡が浮きそうで浮かずに液中で振動していることに気づくはずです。私も数十年前に初めて見た時、それを不思議に感じたものの、あまり深く考えることはありませんでした。もしその時、真剣に原理を考えていれば、新しい機械を作り出すことができたかもしれません。というのは、現在、超音波を使って空気中でものを浮かせて移動や運搬する研究が盛んに行われているのですが、原理は液体中で泡を浮かすことと同じなのです。特に半導体を製造する過程において、傷をつけずにものを運ぶ技術が必要とされています。

＊超音波とは何か

　ところで超音波ってどんなものだかご存じでしょうか。そう、人間の耳では聞こえない高い音のことです。この実験では、4 万 Hz（＝ 40kHz）といって、1 秒間に 4 万回も振動する音を使います。テレビやラジオの時報のあの、「ピッ、ピッ、ポーン」という音の「ピッ」が 440Hz ですから、その音の 100 倍近く振動していることになります。

　では、なぜ音で物体が浮くのでしょうか。その説明には少し知識が必要ですので、お付き合いください。

　音は空気の振動です。空気が振動すると波が発生します。その波は空気中を伝わり、ものにぶつかると右図のように反射します。反射した波と発生した波とがぶつかり合うと、そこには進まないように見える波ができます。この現象を「重ね合わせ」と呼び、できた波を「定常波」または「定在波」と呼びます。音は「疎密波」と呼ばれる縦波なのですが、次ページの図では横波のように描いています。

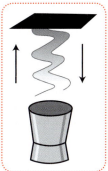

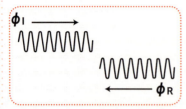

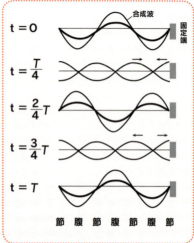

音を次々に発生させ、重ね合わせるとそこには波のエネルギーがたまり、物を動かすことができるようになります。動いたものは、徐々にある部分（粒子速度の腹と呼ばれる）に集まり、そこにとどまるようになります。これが音でものを浮かせる原理です。エネルギーが少ないと音が出す力（放射力）でそのもの自体の重さを支えることができずに落ちてしまいますが、大きなエネルギーがたまるとつり合うようになるのです。

＊浮遊物の間隔

浮遊物は、定常波の腹の付近に浮いているようです。腹と腹の間隔は波長の半分であるため、室温20℃の時には、

$$波長(m) = \frac{音速(m/s)}{振動数(Hz)} より$$

$$\frac{波長}{2} = \frac{343.5(m/s)}{2 \times 40,000(Hz)}$$

$$= 4.3 \times 10^{-3} m$$

つまり4.3mmになります。

実 験 Experiment No.14

電源不要の電気!?
超音波素子で発電

難易度 ★★★☆☆

対応する指導要領　中学校理科／様々なエネルギーとその変換

実験のテーマ　電源を何も用いていないのに電気が生じるという不思議な実験。原理は少々難しいものの、なぜ？　と興味を惹かれること間違いなし！

Ultrasonic generator

熱→電気というエネルギーの移り変わりを体感できる実験

本書の 147 ページの実験に使用している、超音波の発生素子を利用した発電の実験を紹介しましょう。

超音波素子はそれ自体が実は電気を生み出す能力があり、その性質を利用したセンサーなども存在します。超音波での浮上実験のあと、より深い理解のためにこの実験を行うと良いかと思います。電池や電源を使わずに電気が発生する現象を見せることで、「発電」を目に見える形で体感できます。また太陽光パネルのように光を当てるだけで発電するというものでもないため、一見するとわかりにくいですが、見せ方を変えると、熱エネルギーと電気エネルギーの移り変わりを見せることができます。

エネルギーというわかりにくい概念を体感してもらうという意味では、ランジュバン素子を使ったエネルギーの移り変わりと、その原理を研究課題としてみると、より興味を持ってもらえることと思います。

基本実験
01 加熱するだけで発電! ランジュバン振動子

✓ 用意するもの

ランジュバン振動子：本多電子株式会社から発売されているものが日本国内において、調達が容易。アマゾンや楽天などインターネット通販で購入でき、「HEC-45282」と呼ばれる製品が安価で良く、5000 円以下で購入できる

はんだごて：安いもので十分

ランジュバン振動子

Ultrasonic generator

ガスバーナーでも加熱することは可能だが、その場合は火の扱いに注意。また、はんだごてを使う場合も火傷などに注意する

1 ランジュバン振動子の上部をはんだごてで数十秒加熱する

2 両端を素手で触ってみるとビリッと弱い電気ショックを感じる

02 氷でネオン管を光らせよう

基本実験

用意するもの

ランジュバン振動子
ネオン管
氷

実験手順

1 ランジュバン振動子にネオン管をつなぐ

2 ランジュバン振動子の上に氷を載せる

3 ピカピカと 2 Hz 程度で発光するのが確認できる

＊ランジュバン振動子とは

　超音波素子による発電は「焦電効果」といい、焦電効果を確認する実験に使えるものとして、今回使用したランジュバン振動子があります。ランジュバン振動子は PZT と呼ばれるセラミックを使用した強力な超音波発生素子で、本書の 147 ページの超音波の実験でも使用しています。PZT はチタン酸ジルコン酸鉛と呼ばれる機械的な効果を得るためのセラミックとして一般的です。焦電効果も強いので実験には最適の素子と言えます。

　ランジュバン振動子では PZT 板を 2 枚使い、大きな振幅を得るように工夫されています。電気回路的に見ると 2 つ並列に接続されてるような回路構成となります。

＊焦電効果の発生条件

ランジュバン振動子で焦電効果を得るには、急激な温度変化を与えるだけで OK です。熱源は今回の実験のようにはんだごてや熱湯、氷で十分です。実験 1 ではランジュバン振動子の上部を数十秒加熱しましたが、これだけでランジュバン振動子の両端には 100V を超えるような大きな電位差が発生します。

ただし、ランジュバン振動子に加えられる温度には上限があります。心臓部のセラミックである PZT は、キュリー点と呼ばれる誘電特性を失う限界温度があります。機械的な機能を持たせるため PZT には分極と呼ばれる処理が行われており、あまり高温にするとこの処理が無効となって、素子として壊れてしまうことがあるので、ガスバーナーでの強熱は注意したほうが良いでしょう。一般的に PZT のキュリー点は 300℃くらいなので、氷や熱湯での実験はまず問題ないと言えます。

＊氷でネオン管が光ったわけ

ランジュバン振動子の焦電効果で生じる電気の電流供給能力は低いため、ある種の弛張発振回路を簡単に構成できます。実験 2 ではランジュバン振動子の上に氷を載せましたが、氷を載せることで、ランジュバン振動子のアルミニウムブロックが冷却され、次第に振動セラミックも冷却されます。先ほども書いたように、ランジュバン振動子の PZT は数十度の温度変化で 100V 以上を発生させることができます。ネオン管のブレークダウン電圧を超えると発光し、ピカピカと 2Hz 程度で発光します。ランジュバン振動子の端子電圧がブレークダウンにより低下し、光が消え、焦電効果で再び上昇しブレークダウンを起こし発光……というのを温度がある程度平衡するまで繰り返されます。実験条件にもよりますが、30 秒から 1 分程度の点滅が確認できます。

ランジュバン振動子が冷えて温度変化が緩やかになると、ネオン管が発光するだけの電圧を発生させられなくなります。そこで今度は上の氷を取り除いて放置すると、冷却時よりは弱いものの、たまに発光する様子が確認できます。冷却された状態から室温に戻る過程で発生した焦電効果で発光しているためです。ランジュバン振動子が室温に戻る頃には、プラス・マイナスが逆転しています。

解説

＊加熱する際の注意点

　本実験でははんだごてを使用していますが、バーナーでの加熱も可能です。その代わり、火を使うのでそれなりの注意は必要で、ランジュバン振動子が冷えているとバーナーの燃焼で生じた水蒸気が水滴となって、表面にまとわりついてしまいます。水滴が電極部についてしまうと電荷がリークしてしまうので注意が必要です。

　また、強く熱しすぎてしまうと誘電体特有のキュリー点に達して特性が劣化する可能性があります。あまり熱しすぎないほうが良いと言えるでしょう。

 教育のポイント

＊焦電効果とは

　焦電効果とはセラミックなどの強誘電体に急激な加熱や冷却で温度変化を与えた時に電位差が発生する現象です。焦電効果は温度変化で電位差が発生する特徴を持っており、わかりやすく言い換えると、温度変化で発電するということです。天然のものとしては電気石（トルマリン）が知られています。

　電気石はその名のとおり電気を帯びる性質があります。ショーケースなどに展示しておくと、照明器具の熱で熱せられ電位差が発生します。数 kV の電位差とそれなりに強い静電気を生じて周囲の埃を集めてしまうため、博物館などに展示されているトルマリンの標本は埃まみれのことがよくあります。

　似たような効果にゼーベック効果というものもあり、温度差で起電力を発生する現象です。これはペルチェ素子などの冷却を行う素子で使われています。ペルチェ素子はパソコンの CPU 等を冷却するほか、車載冷蔵庫などに使われている冷却用素子で、温度差によって電気が生じる

ゼーベック効果を利用して電気を流すことで熱を移動するという素子です。

　話は戻って、焦電効果の特徴は大変大きな電位差を簡単に得られる点です。汎用的に売られている PZT などの汎用のセラミックを用いたランジュバン振動子でも簡単に数 kV を発生させられます。ニオブ酸リチウムやタンタル酸リチウムを使っているものでは数十 kV の超高電圧を容易に得られます。

＊焦電効果を利用した製品

　この焦電効果を利用した製品はすでにあり、最も身近なところでは人感知センサーがピンと来るかと思います。人間から発せられる赤外線で結晶が温められ、発生する起電力を利用するものです。非常に焦電効果係数の高い結晶を使い、さらに超高感度のアンプを利用することで実用化に至っています。

　こうした意外な実験を行った上で、我々の日常生活でもその現象を利用した製品があると紹介することで、「こんな知識が何の役に立つのか」という疑問に答え、「さらなる応用方法を考えてみては」と指し示すことができるのではないでしょうか。

実はこんなに簡単！
ハンドメイド化粧水

実験のテーマ

「女性だけのもの」として男性は敬遠しがちな化粧品を化学的な視点から解説。これも立派な身近にある科学の結晶

化粧品がやって良いことの範囲を知れば、あやしげな広告にもう騙されない!

多くの女性にとって最も身近であり、(大半の)男性にとって最も縁遠い、化粧品を構成する化学物質についてフォーカスを当てていきたいと思います。

上図の右下が、化粧品の立ち位置になります。砂糖やアミノ酸などの食品成分も化粧品には使えるため、円は微妙に重なっていますが、医薬品成分を含むことはほぼないため、医薬品からは最も遠い存在にあたります。

日本の法律において化粧品として扱われているものは、薬事法第2条第3項「人の身体を清潔にし、美化し、魅力を増し、容貌を変え、又は皮膚若しくは毛髪を健やかに保つために、身体に塗擦、散布その他これらに類似する方法で使用されることが目的とされている物で、人体に対する作用が緩和なものをいう。」とされています。

これらの成分というのは、シャンプーの時に解説した界面活性剤をはじめ、酸化亜鉛や酸化チタンなどの無機顔料、植物油脂や動物油脂、ビタミンやその誘導体など非常に多彩で、登録されている成分は8000を越えます。しかし、いずれも「作用が緩和」であることが条件で、その配合可能な成分や分量は決められており、それを守らないものは商品として流通させてはいけないため、成分こそ多彩でも、目的とすることは各商品ごとに大体同じと言えます。

これを言い換えると、化粧品が行えることは「外見を美しく見せる、清潔に保つ、保湿をする、紫外線などの外的刺激から守る」程度であり、皮膚を白化させたり、シミを消したりといった皮膚より内側の体内に対して「薬効」があってはいけないということになります。

ということはつまり「美白」化粧品の「美白」というのは（美白に見せる）というものであって、メラニンを減らし皮膚の組成を変えて（美白にする）ではないわけです。

中には薬効的なものを謳うような薬用化粧品などもありますが、こちらは販売する際には医薬部外品となるため、化粧品製造販売業許可のほか、医薬部外品製造販売業許可の申請が必要です。このように多少の薬効が期待できる成分を含む商品も存在します。

しかし、いずれにせよ「医薬品」ではないので、強い薬効は持ち合わせてはいけないことになっており、化粧品で体質が変わるようなことはないという基本原則を忘れないでおけば、多くの商品広告に惑わされることもないわけです。

ここでは唯一の手作りのメリットがある（理由は後述）自作化粧水を紹介します。

01 基本実験　薬局にある材料で手作り化粧水

☑ 用意するもの

精製水 500ml
グリセリン 10〜30ml（冬場は 30〜50ml）
ヒアルロン酸：冬場は入れたほうが使用感がアップする。自作コスメ用に少量で小売りされているので、試薬よりもそちらがオススメ
ハッカなどのハーブの精油：好みのものを用意する
小さいビーカー：精製水で共洗いしておく

今回の材料一覧

注意事項：市販のものと違って防腐剤は入っていないため、冷蔵庫に保存し、夏場は2週間、冬場も1ヵ月をメドに使い切る。そのため、ボトルには必ずマジックで製造日を書いておく

実験手順

1. 共洗いしたビーカーにグリセリンを手早く取り分け、精製水のボトルに入れて振り混ぜる

2. 冬場はヒアルロン酸を少量入れると使用感アップ。水への溶解速度があまり速くないため、初日は中で振り混ぜ、2～3日冷蔵庫でそのままにしておけば、完全に溶け込む

＊なぜ化粧水は自作がオススメなのか

　化粧水は化粧品の中でも少し異質で、美しさを演出するのではなく、保湿をすることで肌自体を休息させるという意味合いのもので、グリセリンやスクワランといった保湿成分が水と一緒に含まれています。

　加えて、化粧水は常温で放置されることが多いことを考えると、商品としては防腐剤を入れざるを得ない部分があり、大半の化粧水には防腐剤や安定剤が何らかの形で含まれています。

　しかし、メインの成分は単体でその辺のドラッグストアでも購入できるぐらい入手性が高いこと、冷蔵で短期間であれば保存も十分利くという点を踏まえると、化粧品の中では唯一に近い手作りのメリットのある化粧品と言えます。

　基本はグリセリンと水、この2つだけです。季節と自分の肌質に会わせてグリセリンと水の比率を変えていけば、自分に合ったものが調合できます。基本

的には、夏場は 500ml の精製水に対して 10〜30ml、乾燥しがちな冬場には 30〜50ml という割合で混合するだけです。計量もかなり適当で、メスシリンダーなどは使わずに、小さいビーカーなどでも十分です。

　冬場は、ヒアルロン酸を少量入れるだけで肌へのなじみが随分変わり、高級な化粧水のような触り心地になります。ヒアルロン酸以外にも、ハッカやハーブの精油などがあると、付加価値を高めることができます。

　化粧水は肌が乾燥する前につけるのが肝心で、洗顔後や風呂の後には 10 分以内につけるくらいのつもりで、適量をとって顔全体になじませましょう。

＊代表的な化粧品の組成

・化粧水／乳液

　化粧下地や寝る前に顔につける化粧水の主成分は、グリセリンなどの保湿成分と水です。そこにさらに油脂類を乳化させたものが乳液とされています。本来必要なのはそれだけなのですが、常温で放置されたり、手で液体の出入り口を触ったりと細菌が入り込みやすいため、パラベンやプロピレングリコールなどの防腐剤、乳液の場合は乳化した状態を維持するための界面活性剤など、商品としての安定性を持たせるために非常に数多くの成分が含まれています。

　基本的に肌の保湿をすれば良いだけの商品なので、差別化は非常に難しく、各社競ってよくわからない成分を配合して差別化を図っていますが、正直何も変わりません。

・ファンデーション／アイメイク

　ファンデーションは、肌の細かいシワや凹凸、シミやくすみなどを隠す目的で使われる、まさに化粧品らしい化粧品と言えます。

　配合されている成分は、タルク（滑石：$Mg_3Si_4O_{10}(OH)_2$）成分のほ

か、コーンスターチなどのデンプン類、酸化チタンや酸化亜鉛といった
白色顔料、そして、水酸化鉄 [Ⅱ]（FeO(OH)）、水酸化鉄 [Ⅲ]（Fe(OH)$_3$）
といった赤、黄色の顔料などを混ぜ合わせ、それらがばらけないように
パラフィンや植物油脂などの油脂類を配合させて、顔へのなじみの良さ、
携帯性を持たせて商品価値を生み出しています。

　アイメイクは、ファンデーションと成分は同じですが、キラキラした
質感を出すためにマイカ（雲母）や青や紫といった寒色のグンジョウ、コ
ンジョウといった無機顔料や食品添加物にも使われる有機系色素（青色
１号等）が加えられています。

　原価は極めて安く、成分も単純なため、自作することも難しくなさそ
うに思えますが、成分は簡単でも配合や粉体の混ぜ方、油脂の配合など
のノウハウは個人では再現性が難しいので、化粧品メーカーが作って
売っているものが安全でしょう。

・口紅

　ファンデーションやアイメイクなどにも使われる、無機顔料や有機色
素を、融点が人肌程度の油脂で練り固めたものが口紅です。

　口に直接つけるものなので、防腐剤などの配合がより巧みでなくては
いけない上に、夏場に簡単に溶けて漏れ出さないようにするなどのかな
り微調整や調合のノウハウが必要な化粧品群と言えます。ビタミンＥ（ト
コフェロール）が商品自体の酸化防止剤および唇の荒れ防止などを狙っ
て配合されている場合もあります。

　女性でも、口紅だけはこだわりのメーカーがある……という人も多い
ように、材料を揃えて自作することは難しくありませんが、ファンデー
ションやアイメイクと同じく、個人では再現性に乏しいため自作には向
いていないと言えます。

＊無添加、天然成分が良い？

　化粧品は無添加が良いのでしょうか？　石油由来の合成品より植物性
の天然成分が良いのでしょうか？

天然信奉と無添加思考のバカバカしさに関しては少し横に置いておいて、その起源に少し触れておきましょう。

　まず天然信奉に関しては、第二次世界大戦後の混乱期に原材料の不安定さから、粗悪な鉱物油（精製が甘く、多くの石油由来の刺激性の高い化合物が残留している）が化粧品として使われたことで、大規模な肌トラブル被害が起こり、鉱物油より天然油のほうが安全という話がメディアに掲載され広まりました、それが現在にまで続く、天然信奉のきっかけになったと言われています。現在、傷口などにも使われるワセリンは鉱物油ですし、植物油でも刺激性のものは多くありますので、天然か合成か、植物性か鉱物性かといった成分だけで、善し悪しを決めることはできないのは言うまでもありません。

　次に、化粧品の売り文句の1つに上げられる「無添加」という言葉についても掘り下げてみると、何とも中身のないものであることがわかります。

　実は、法的には「無添加」という言葉のガイドラインは存在せず、各社が勝手に使っているだけの意味のない言葉です。化粧品を取り巻く法律に関しては、成分表記に関することが2001年に改正があり、全成分表示が義務化されました。それ以前は、一部の成分のみ表示義務があったため、「旧表示成分」などとして、それらを区分し、「旧表示成分を配合していないので、無添加です」という何ともよくわからないロジックで運用されているあやふやな言葉と言えます。

　さて、こうしてまとめると宣伝文句では商品が判別できないという話になってしまい「どうやって選べというのだ」ということになってしまいます。しかし、ここで「ではこの商品をオススメ」と言うのはナンセンスなのです。なぜならば、年齢によって肌質が変化するのはもちろん、どういった化合物に強い弱い、状態が良くなるといったことは、極めて多くの個人差がある世界では、「何とも言えない」と言えます。

　しかし、現在日本においてはキャリーオーバーを除く、化粧品の全成分の表示義務のおかげで、ある程度の絞り込みは可能になっています。その絞り込み方法は、伸びや色合いが気に入るかなどの使い勝手の良さ、そしてそれらを使い出してから、肌に異常が現れるかどうかを日々チェッ

169

クしておくことです。

特に初めて使う化粧品に関しては、附箋などでもよいので、何月何日に使い始めたといったことを記載しておくだけでも、肌にトラブルが起こった際に、病院などで絞り込みをする時に役立ちます。

基本的にお試し期間は2週間くらいで考えて、トラブルが起きた場合はすぐに止めて様子を見るくらいの注意深さがあると、後々のトラブル対策に講じる泥沼に陥ることも少なくなります。

肌を構成する表皮は約1ヵ月で入れ替わるため、浅い切り傷などの外的な損傷は治りやすいのですが、紫外線や薬品によるダメージで真皮まで痛んでしまった場合は、真皮部分の再生には20代までは1〜2年(ないし3年)ですが、歳をとると数年から10年という時間がかかってしまうので、歳をとればとるほど、化粧品をはじめとする肌トラブルは治りにくくなることを自覚しておくべきでしょう。

日焼けによるダメージが、日焼け止めを塗っても効果が遅いように感じるのは、こうした表皮と真皮のダメージ再生のズレがあるからなのです。

大前提の話にはなりますが、化粧品以前に肌の衛生状態を良くすることはとても大切で、ファンデーションなどの化粧品をつけたまま就寝したり、逆に洗いすぎないようにし、紫外線対策を万全にして保湿に気をつける。まずはこのスキンケアの基本をしっかりして、基本の肌を美しくすることで、厚塗りをしない化粧との付き合いができると言えます。

＊昔の危険すぎる化粧品

我々がまだ文明を築く以前から、魔除けのために顔や体に顔料を塗って化粧をしていたと思われる出土品などもあり、古代ローマ時代にはすでに多くの化粧品が存在していました。

多くの文化圏では、中世より前にはすでに現代に通じる、「美人に見せる」ための化粧が登場していました。ただ、意外にヨーロッパではキリスト教で化粧を禁止していった背景から、化粧らしい化粧の文化は停滞していたそうです。故に、中世後期になると急激に過剰な化粧がもてはやされることになり、今では考えられない有害な化合物を使った化粧品

も多くありました。

　例えば、当時の美白に見せるファンデーションとしては、水白鉛鉱、つまりは鉛白が用いられ、今では油絵の具に少量使われていますが、名前のとおり鉛が含まれており、現在は当然使われていません（現在は白さを出す場合は日焼け止めにも使う酸化チタンが主に使われます）。その正体は塩基性炭酸鉛（$2PbCO_3Pb(OH)_2$）で、自然界では金属鉛の回りに多く産出したりと入手性が高かったのと、急激な毒性が見られないため、毒性の因果関係がわかりにくいなどの理由で、日本でも江戸時代を経て、明治初期あたりまでは使われていたという記録があります。

　製法は簡単で、金属鉛と酢酸を沸騰させた蒸気を当てて、表面に吹いた粉を集めていたようです。当然、鉛の塩なので毎日顔に塗りつけて良いものではありません。当然精製なんて概念も存在しなかった時代なので、その他の重金属も多く含まれており、それによって不健康になる人が後を絶たなかったようです。

　他にも、水銀化合物（おそらく昇汞：塩化水銀）を服用して貧血を起こし、それが美白に見えるほか、瀉血をして貧血状態にして美白に見せる、また効果の程は不明ですが亜ヒ酸が含まれた化粧水なんてものもあったそうです。砒素は天然の砒化鉱物ないしは金属砒素として産出するので、それを藁で包んで蒸し焼きにして焼け残りの灰を溶かして化粧水としていたとされています。砒素は取り込まれた局所で組織死を起こす原形質毒ですが、生体に取り込まれた砒素が表皮細胞内のチオール基に結合、本来そのチオール基を持つチロシンキナーゼ活性を増強する働きを持ちます。

　その結果メラニン産生が異常増加して砒素黒皮症という皮膚が黒ずむ＝色素沈着を生じるため、美白とは逆方向に行きそうなのですが、その後メラノサイトが過労死することで、脱色が起こり白斑が出現、その白斑がつながりにつながって、まさに病的な美白が完成したと考えられます。副作用としては当然砒素中毒全般はもちろん、皮膚も細胞密度が下がっているので異常に脆くなって、簡単に破れるほど薄いものになってしまっていたことでしょう。

　また、瞳孔を拡張し、黒目を大きく見せるためにチョウセンアサガオ

の抽出液を点眼したりしていたようです。チョウセンアサガオに含まれているアトロピンは現在も緑内障などに使われますが（現在はより安全で合成可能なトロピカミドが主流）、当然昼間に散瞳させるので、目に多大な負荷がかかり失明の恐れさえあります。

　現在はそうした危険な化合物は流石に使われていませんが、「美白になる！」と言いたげな美容液や「～するだけで痩せる」といったインチキ美容法は女性誌をめくればそこかしこにあるので、昔も今もそう変わりないような気も……（苦笑）。

著者紹介
早稲田大学本庄高等学院 実験開発班

＊影森 徹（かげもり・とおる）

早稲田大学本庄高等学院で物理を教えるかたわら、理科主任も務める。

実験を基に授業を進める独自の教育方法には多くの関心が寄せられており、小中学校の先生への実験指導を行う他、顧問を務める理科部からは多くのサイエンスコンペティション入賞者を輩出している。

元上智大学理工学部非常勤講師、元日本物理教育学会常務理事

＊荻野 剛（おぎの・ごう）

2010年、日本初、独自開発した手製テスラコイルの音階制御、発表に成功。

千代田区主催の「3331 Arts Chiyoda」のエクストリームDIYにて、テスラコイルでの多重演奏に成功し、新時代の超楽器として話題を呼ぶなど、もの作りの分野では金属加工から電子制御に至るまでオールマイティにこなす達人として知られる。現在は早稲田大学本庄高等学院にてSSHの指導もこなす。

近年は無線送電の革新的な発見が認められ、電気情報通信学会で発表をするなど、幅広い活動をしている。

＊笠木 卓哉（かさき・たくや）

大学で植物組織培養を学んだことをきっかけに、自宅での培養実験を始める。
主に食虫植物の無菌播種を得意とし、自宅ながらも100瓶以上の培養物を維持している。「組織培養を自由研究の定番にすること」を夢見て、簡易的な培養方法の情報発信をしている。

＊中川 基（なかがわ・はじめ）

生物化学系の実験実習をメインとするサイエンスライター・作家。
奈良先端科学技術大学院大学、日本薬学生連盟（APS-Japan）、河合塾、和光大学などで講演活動を行う。近著には『本当にコワい？ 食べものの正体』（すばる舎リンケージ）、『薬局で買うべき薬、買ってはいけない薬』（ディスカヴァー・トゥエンティワン）があり、後者は中国語版も出るほどのベストセラーに。別名義では漫画やドラマ、映画などの科学監修の他、マッドサイエンス的な著書も多数。

ブックデザイン

ATOM☆STUDIO 熊谷菜穂美

本文図版

李 佳珍

編集協力

boekenberg製作所

魅了する 科学実験2

2018年5月28日　第1刷発行

著　者　早稲田大学本庄高等学院 実験開発班
発行者　八谷 智範
発行所　株式会社すばる舎リンケージ
　　　　〒170-0013　東京都豊島区東池袋3-9-7 東池袋織本ビル1階
　　　　TEL 03-6907-7827
　　　　FAX 03-6907-7877
　　　　http://www.subarusya-linkage.jp
発売元　株式会社すばる舎
　　　　〒170-0013　東京都豊島区東池袋3-9-7 東池袋織本ビル
　　　　TEL 03-3981-8651（代表）
　　　　　　　03-3981-0767（営業部直通）
　　　　振替00140-7-116563
印　刷　株式会社シナノ

乱丁・落丁本はお取り替えいたします。
ⓒ Hajime Nakagawa 2018 Printed in Japan
ISBN978-4-7991-0711-9